le Grand Almanach de Bretagne

2018

LA GESTE

Janvier 2018

Premier mois de l'année instauré par le calendrier grégorien au XVIe siècle, le nom de janvier vient du latin *januarius*, du dieu romain Janus. Dieu gardien des portes, Janus présente deux visages, l'un tourné vers le passé, l'autre vers l'avenir, symbolisant aujourd'hui le passage d'une année écoulée à une année nouvelle. Janvier correspond à pluviôse (mois de la pluie) dans le calendrier républicain.

Agenda

Les festivals :

Will'stock festival (35)
Musique rock et punk en live, au Gazoline puis au Mondo Bizarro, à Rennes.

Taol kurun (29)
Pluridisciplinaire à Quimperlé.

La Folle Journée (44)
Festival de musique classique, à Nantes, à la fin du mois de janvier ou au début de février.

Rives de nuit (29)
Musique, Landerneau.

Astropolis (29)
Festival de musique électronique – le plus ancien en France – organisé à Brest et sa région.

Festival du Schmoul (35)
Festival électro-rock, à Bain-de-Bretagne, entre Rennes et Nantes.

Les marchés du Morbihan :

Allaire : marché hebdomadaire, vendredi matin

Arradon : marché bihebdomadaire, mardi matin et vendredi matin, place de l'Église

Arzon : marché hebdomadaire, mardi matin

Auray : marché hebdomadaire, lundi matin, centre-ville ; marché hebdomadaire, vendredi matin, place Notre-Dame

Baden : marché hebdomadaire, vendredi soir de 16 h 30 à 19 h 30, 3, place Weilheim

Baud : marché hebdomadaire, samedi matin, place de l'Église

Beganne : marché hebdomadaire, dimanche matin

Belle-Île-en-Mer : marchés quotidiens, matin, Locmaria, Le Palais, soir de 17 heures à 20 heures, Sauzon, marché hebdomadaire, jeudi matin, Sauzon

Carnac : marché bihebdomadaire, mercredi matin et dimanche matin, parking Saint-Fiacre

Cléguer : marché hebdomadaire, dimanche matin

Colpo : marché hebdomadaire, vendredi soir de 16 heures à 19 heures

Crach : marché hebdomadaire, jeudi matin, place de l'église

Damgan : marché hebdomadaire, samedi matin, centre-ville

Elven : marché hebdomadaire, vendredi matin

Erdeven : marché hebdomadaire, jeudi matin

Étel : marché hebdomadaire, mardi matin

Gourin : marché hebdomadaire, lundi matin

Grand-Champ : marché hebdomadaire, samedi matin ; marché mensuel, 1er vendredi matin du mois

Groix : marché hebdomadaire, samedi matin

Guémené-sur-Scorff : marché hebdomadaire, jeudi matin

Guer : marché hebdomadaire, mercredi matin

Guern : marché hebdomadaire, mercredi matin

Guidel : marchés hebdomadaires, vendredi matin, place Le Montagner, mercredi matin et dimanche matin, place de l'Église

Guilliers : marché hebdomadaire, mardi matin

Hennebont : marché hebdomadaire, jeudi matin

Inzinzac Lochrist : marché hebdomadaire, samedi matin (le seul marché de producteurs de pays en Bretagne)

Josselin : marché hebdomadaire, samedi matin

Kernascleden : marché mensuel, 3e mercredi matin du mois

La Gacilly : marché hebdomadaire, samedi matin

La Roche-Bernard : marché hebdomadaire, jeudi matin, centre-ville

La Trinité-sur-Mer : marché quotidien, matin, halle aux poissons ; marché bihebdomadaire, mardi matin et vendredi matin, place du Voulien

Lanester : marché hebdomadaire, mardi matin, place Delaune

Langonnet : marché mensuel, 2e jeudi matin du mois

Languidic : marché hebdomadaire, vendredi matin

Larmor-Baden : marché hebdomadaire, dimanche matin, place de l'Église

Larmor-Plage : marché hebdomadaire, dimanche matin

Le Bono : marchés hebdomadaires, mercredi matin (marché au poisson), jeudi matin (légumes et poissons), samedi matin (grand marché)

Mes notes

• CITATION • Jour de l'an beau, mois d'août très chaud.

PATRIMOINE

Histoire naturelle : les rapaces diurnes

Le terme de rapace vient du latin *rapax*, mieux du verbe *rapere* qui signifie « emporter précipitamment » ce qui correspond bien à ces « oiseaux de proie ». Les rapaces diurnes, ceux qui vivent le jour, sont les plus nombreux. Leur bec est crochu et tranchant, leurs pattes se terminent par des serres, et leur vue est remarquable. Certaines espèces ont même un bon odorat, chose rare chez les oiseaux. Présents sur les cinq continents, ils sont prédateurs (tels les aigles ou les faucons) ou charognards (tels les vautours), selon qu'ils se nourrissent d'animaux vivants ou morts. Parmi les autres espèces, citons les éperviers et les buses. Nombreux sont les rapaces en voie d'extinction, et avec 75 % des rapaces diurnes d'Europe occidentale se reproduisant sur le territoire français, notre pays a une responsabilité importante dans leur conservation.

LE SAVIEZ-VOUS ?

LES ANIMAUX SONT-ILS ADMIS DANS LE MÉTRO ?

Sur le réseau de la RATP, l'on peut prendre le métro avec son chien à la condition qu'il soit tenu en laisse et muselé. Les animaux de petite taille (chats…), quant à eux, doivent être transportés dans un sac ou un panier destiné à cet usage, sans que sa longueur ne soit supérieure à 45 cm.
Par contre, les chiens guides et d'assistance accompagnant les aveugles ne font l'objet d'aucune restriction.

CONSEIL DU JARDINIER

Savez-vous que les « jardiniers du dimanche » sont ceux qui, loin devant les agriculteurs, utilisent le plus d'engrais et autres produits de traitements, ramenés à la surface ? Et pourtant, en n'employant ni insecticides ni pesticides, on arrive à produire de beaux légumes et fruits, et quel plaisir de les manger, sûr qu'ils ne contiennent rien de nocif. Sans parler des oiseaux, des papillons, et autres insectes qui, même s'il en est qui présentent quelques désagréments, participent pour l'essentiel à l'équilibre de la nature environnante… pour notre plus grand plaisir !

JUSTE POUR RIRE

Pourquoi les chats n'aiment-ils pas l'eau ?

Parce que dans l'eau minet râle.

lever 08 h 42
coucher 17 h 21, + 1

lundi 1er

Jour de l'an

lever 08 h 42
coucher 17 h 22, + 1

mardi 2

Basile
Né en 330 à Césarée, en Turquie, Basile le Grand (Basileios) visita les ascètes d'Orient et fonda une communauté monastique en Cappadoce.

lever 08 h 42
coucher 17 h 23, + 1

mercredi 3

Geneviève
Née à Nanterre vers 420. En 451, les Huns menaçaient Paris. Geneviève persuada les Parisiens affolés que les Barbares n'attaqueraient pas la ville. Paris fut épargné.

lever 08 h 42
coucher 17 h 24, + 1

jeudi 4

Odilon
Né en 962 à Mercœur, en Auvergne, Odilon devint le cinquième abbé de Cluny en 994.

• CITATION • S'il gèle à la saint Raymond, l'hiver est encore long.

RECETTE

Saucisse de Molène et pommes de terre à la tomme d'Iroise façon truffade

Pour 4 personnes :

- 1 grande saucisse de Molène
- 400 g de tomme d'Iroise fraîche
- 1 kg de pommes de terre
- 1 gousse d'ail
- Sel, poivre
- Beurre, huile

Pour commencer, faire cuire la saucisse à l'eau pendant 20 min puis la réserver au chaud.

Pendant la cuisson de la saucisse, éplucher les pommes de terre et les découper en tranches. Faire chauffer un peu de beurre dans une sauteuse avec un peu d'huile, y mettre les pommes de terre avec la gousse d'ail finement émincée. Bien assaisonner, couvrir et laisser cuire une petite demi-heure en remuant régulièrement. Lorsque les pommes de terre sont tendres et bien dorées, ajouter la tomme coupée en petits morceaux. Laisser fondre un peu le fromage puis mélanger pour bien répartir le fromage dans les pommes de terre. Servir immédiatement et bien chaud avec la saucisse et une salade verte en accompagnement.

FÊTES TRADITIONNELLES

L'Épiphanie ailleurs dans le monde

En Italie, au sud principalement, la Béfana distribue les cadeaux pendant la nuit de l'Épiphanie, d'où elle tire probablement son nom. Les enfants désobéissants reçoivent un bout de charbon tiré de son grand sac. La Béfana est à la fois bonne et intraitable, Saint-Nicolas et Père Fouettard. Elle est vêtue de noir, et symbolise à la fois le mal et le retour vers des nuits plus courtes.

lever 08 h 42
coucher 17 h 25, + 1

vendredi 5

Édouard

Édouard le Confesseur, né en 1003, roi d'Angleterre, fut très aimé de son peuple à cause de sa remarquable charité. Il assura la paix à son royaume.

lever 08 h 42
coucher 17 h 26, + 1

samedi 6

Mélaine

Cinquième évêque de Rennes, compagnon de Clovis. Il mourut en 530 à Placs, sur la Vilaine.

lever 08 h 42
coucher 17 h 27, + 1

dimanche 7

Raymond

Raymond de Peñafort, né en 1175, maître général des Dominicains, mort en 1275.

Semaine 1

janvier 2018

• CITATION • Les douze premiers jours de janvier, indiquent le temps qu'il fera les douze mois de l'année.

PATRIMOINE

Le Fort La Latte

Dans les Côtes-d'Armor, non loin du cap Fréhel, le Fort La Latte contemple depuis le XIVᵉ siècle la côte d'émeraude et l'Anse des Sévignés. Construit sur un site très escarpé, au sommet d'une falaise à laquelle on ne peut accéder qu'en franchissant deux ponts-levis posés sur des crevasses profondes, il fut fortifié au XVIIᵉ siècle. Maintes fois convoité, assiégé en 1379, puis de nouveau en 1597, il ne fut pourtant jamais conquis et conserve aujourd'hui tout son mystère et ses légendes. Les cinéastes ont vu en lui un potentiel cinématographique et nombreux sont les tournages qui ont été réalisés au Fort La Latte. Dans Les Vikings de Richard Fleischer (sorti en 1958), Tony Curtis et Kirk Douglas s'affrontent sur le donjon dans le combat final du film. Dans Chouans ! de Philippe de Broca (sorti en 1988), Sophie Marceau et Stéphane Freiss marchent sur le chemin de ronde. D'autres encore ont utilisé les lieux comme Claude Santelli dans son téléfilm Lancelot du Lac (1970), ou le groupe de musique Manau qui y a réalisé le clip de sa chanson La tribu de Dana.

Enfin, selon la légende, Gargantua serait passé par là avant d'enjamber la Manche pour rejoindre l'Angleterre. Il y a laissé « le doigt de Gargantua », ce menhir que l'on trouve sur le chemin d'accès au château.

Fort La Latte
22240 Plévenon
Tél. : 02 96 41 40 31
Plus d'informations : www.castlelalatte.com

lever 08 h 41
coucher 17 h 28, + 1

lundi 8

Lucien
Premier évêque de Beauvais et martyr en 290. C'était un des prêtres romains qui vinrent à cette époque évangéliser la Gaule.

lever 08 h 41
coucher 17 h 29, + 1

mardi 9

Alix
Alix Le Clerc (1576-1622), religieuse lorraine, fonda la congrégation Notre-Dame et se consacra à l'éducation des jeunes filles délaissées.

lever 08 h 41
coucher 17 h 31, + 2

mercredi 10

Guillaume
Guillaume du Donjon, mort en 1209, devint moine cistercien à Pontigny, abbé de Châlis, puis archevêque de Bourges.

lever 08 h 40
coucher 17 h 32, + 2

jeudi 11

Paulin
Patriarche d'Aquilée, mort en 804. Il passa pour être l'un des hommes les plus savants de son époque, écrivant aussi bien en prose qu'en vers.

· CITATION · Un mois de Janvier sans gelée, n'amène jamais une bonne année.

RECETTE

Huîtres chaudes au cidre

POUR 4 PERSONNES

- 24 HUÎTRES SPÉCIALES N° 3
- 2 ÉCHALOTES
- 10 CL DE CRÈME LIQUIDE
- 100 G DE BEURRE
- 15 CL DE CIDRE BRUT
- 1 CUILLERÉE À SOUPE DE PERSIL PLAT CISELÉ
- SEL, POIVRE DU MOULIN

Faire ouvrir les huîtres par le poissonnier ou les ouvrir soi-même en prenant garde de ne pas se blesser. Détacher chaque mollusque de sa coquille, filtrer et réserver l'eau. Faire pocher les huîtres dans un grand volume d'eau bouillante pendant deux minutes puis les réserver au chaud.
Peler et hacher les échalotes, les faire suer à la poêle avec 20 grammes de beurre. Ajouter ensuite le cidre et la moitié de l'eau rendue par la cuisson des huîtres. Faire réduire cette sauce avant d'y ajouter la crème fraîche et faire réduire de nouveau de moitié. Pour que la sauce soit plus onctueuse, y mettre le beurre en tout petits morceaux et fouetter l'ensemble.
Plonger les coquilles quelques minutes dans de l'eau bouillante avant de les garnir chacune d'un mollusque. Assaisonner et napper chaque coquillage de sauce. Parsemer de quelques brins de persil et servir bien chaud.

CHANSON

Remise au goût du jour au début des années 1970 par le groupe Tri Yann, cette chanson renvoie plusieurs siècles en arrière, au temps des fameuses Forges de Brécilien devenues Forges de Paimpont.

Digue-ding-don-don, ce sont les filles des forges (*bis*)
Des forges de Paimpont, Digue-ding-don-daine
Des forges de Paimpont, Dingue-ding-don-don

Digue-ding-don-don, elles s'en vont à confesse (*bis*)
Au curé du canton, Digue-ding-don-daine
Au curé du canton, Dingue-ding-don-don

Digue-ding-don-don, qu'avions-vous fait les filles (*bis*)
Pour demander pardon, Digue-ding-don-daine
Pour demander pardon, Dingue-ding-don-don
Digue-ding-don-don, j'avions couru les bals (*bis*)
Et les jolis garçons, Digue-ding-don-daine
Et les jolis garçons, Dingue-ding-don-don

Digue-ding-don-don, ma fille pour pénitence (*bis*)
Nous nous embrasserons, Digue-ding-don-daine
Nous nous embrasserons, Dingue-ding-don-don

Digue-ding-don-don, je n'embrasse point les prêtres (*bis*)
Mais les jolis garçons, Digue-ding-don-daine
Qu'ont du poil au menton, Dingue-ding-don-don

Digue-ding-don-don, ce sont les filles des forges (*bis*)
Des forges de Paimpont, Digue-ding-don-daine
Des forges de Paimpont, Dingue-ding-don-don.

JUSTE POUR RIRE

Un homme coiffé d'un chapeau haut-de-forme entre dans le cabinet d'un médecin qui le prie de s'asseoir. Il s'exécute en retirant son chapeau. Le praticien découvre alors une grenouille posée sur le crâne chauve du patient. Il s'approche et constate qu'une patte arrière du batracien est comme soudée au cuir chevelu.
— Et vous avez ça depuis longtemps ? s'étonne le médecin.
C'est alors la grenouille qui répond :
— Oh, vous savez, Docteur, au début, ce n'était qu'une petite verrue sous le pied. »

lever 08 h 40
coucher 17 h 33, + 2

vendredi 12

Tatiana
Tatiana de Rome, fille d'un consul romain et dénoncée comme chrétienne, elle fut condamnée à être martyrisée en 226.

lever 08 h 39
coucher 17 h 34, + 2

samedi 13

Yvette
Née en 1158 dans la région de Liège, elle vécut trente ans recluse dans une cellule accolée à l'église de Huy, en Belgique, soignant les lépreux.

lever 08 h 39
coucher 17 h 36, + 2

dimanche 14

Nina
Jeune esclave chrétienne née en Cappadoce, elle participa à l'évangélisation de la Géorgie, où elle est vénérée comme apôtre. Elle mourut vers 320.

• CITATION • Neige à Sainte-Prisca, la belle année que voilà.

PATRIMOINE

Île d'Hoëdic

Proche voisine de Houat et de Belle-Île, Hoëdic est plus petite que ses consœurs et elle se mérite. Il faut en effet plus d'une heure pour effectuer la traversée en bateau au départ de Quiberon (avec en général une escale à Houat). Là encore, 2,5 kilomètres de long pour à peine 800 mètres de large ne nécessitent pas l'usage d'un véhicule et on ne se déplace ici qu'à pied. À peine une centaine d'habitants se partagent ce petit bout de terre avec son village implanté non loin de la côte. Mais comme toutes les îles du Ponant, ce nombre peut être multiplié par 30 dès que les beaux jours arrivent. Hoëdic vit essentiellement de la pêche et du tourisme. En dehors du bourg et du port de la Croix, l'île est quasi déserte et permet de belles balades à la découverte de la faune et de la flore qui enrichissent le paysage. Le vieux fort qui jouxte le bourg fut édifié au XIXe siècle pour défendre l'île mais aucune garnison ne vint y tenir de siège car le monde a évolué plus vite que sa construction rendue obsolète avant même d'être terminée.

Mairie
Le Bourg
56170 Île d'Hoëdic
Tél. : 02 97 52 48 88
Plus d'informations : www.hoedic.net

POUR TOUT SAVOIR

En janvier, les jours rallongent-ils plus le soir que le matin ?

Dans l'hémisphère nord, le solstice d'hiver correspond à la nuit la plus longue (21 ou 22 décembre). Après le solstice d'hiver, les jours gagnent de précieuses minutes, même s'il faut patienter encore quelques semaines pour s'en apercevoir.
En janvier, les jours rallongent de plus en plus, presque de la même manière le matin et le soir par rapport au midi solaire. En effet, pendant une journée, la position de la Terre n'a pas changé beaucoup par rapport au Soleil, si bien que le midi solaire est presque à mi-chemin entre le coucher et le lever du Soleil (la différence est de l'ordre de la dizaine de secondes). Toutefois, le midi solaire se décale par rapport au midi officiel des montres ou horloges : c'est ce décalage qui peut laisser penser que les jours rallongent moins le matin que le soir. En d'autres termes, si comme dans les temps anciens l'on définissait le midi en fonction du Soleil, alors les jours rallongeraient exactement de la même manière le matin et le soir.

lever 08 h 38
coucher 17 h 37, + 2

lundi 15

Rémi
Mort en 530. À 22 ans, il fut choisi comme évêque de Reims et son activité missionnaire s'étendit jusqu'à la Belgique.

lever 08 h 38
coucher 17 h 38, + 2

mardi 16

Marcel
Marcel Ier, pape de 308 à 309, martyr en 309. Il se consacra à la réorganisation de son Église, ravagée par la persécution de Dioclétien.

lever 08 h 37
coucher 17 h 40, + 2

mercredi 17

Roseline
Roseline de Villeneuve, morte en 1329, prieure de la chartreuse de la Celle-Roubaud dans le diocèse de Fréjus, en Provence.

lever 08 h 36
coucher 17 h 41, + 2

jeudi 18

Prisca
Fondatrice probable d'une basilique sur l'Aventin.

· CITATION · Janvier de glace fait le point, Février, qui passe, le rompt.

POUR TOUT SAVOIR

Quand tout était précieux…

Il n'y a pas si longtemps, les résidus du broyage des olives étaient une ressource non négligeable et le recyclage était la règle. L'ordonnance de 1775 du parlement d'Aix sur la récupération du « marc d'olives » (les grignons d'olives) en témoigne. Sur les plaintes réitérées à nous portées que, malgré les anciennes ordonnances du bureau de police, on transporte hors du terroir le marc des olives détritées dans les moulins à huile de cette ville, ce qui est très préjudiciable aux habitants d'Aix, par les abus qui peuvent se commettre au détritage de leurs olives et par la privation de ce même marc aux boulangers, servant à chauffer leur four, en épargne des fascines de bois dont la rareté ne se manifeste que trop chaque jour, tous ces objets ayant de tout temps attiré l'attention de la police.

Vu nos anciennes ordonnances et notamment celle de 1768 et ouï le Procureur du roi, nous maire, consuls et assesseur, lieutenants généraux de police, avons ordonné et ordonnons que l'ordonnance de police de 1768 sera exécutée suivant sa forme et teneur et de nouveau publiée et affichée partout où besoin sera; ensemble la disposition de notre ordonnance du jour d'hui, par laquelle avons défendu et faisons défenses à tous maîtres des moulins à huile de cette ville, soit comme propriétaires ou locataires desdits moulins, et à tous meuniers d'iceux, de vendre leur marc d'olives à des étrangers pour être transporté hors de la ville, à peine de confiscation, de même que des voitures et bêtes qui serviront pour le transport d'iceluy, enjoignons aux gardes des portes de la ville de ne laisser sortir de ladite ville aucun marc d'olives de quelque façon que ce soit, (…) »

JUSTE POUR RIRE

Un groupe de l'Armée du salut harangue la foule sur une place publique. Au premier plan, une jeune femme en uniforme arrête les passants:

– Mes frères, il faut vous convertir. On ne sait pas de quoi demain sera fait. Regardez-moi, par exemple, eh bien, je vis dans l'incertitude. Aujourd'hui, je suis dans les bras de mon époux. Demain, je serai peut-être dans les bras du Seigneur!

Soudain, un type lui demande:

– Et après-demain, vous êtes libre?

BOISSON

UN DIGESTIF DE BRETAGNE (OU PRESQUE) LE 44

INGRÉDIENTS

- 1 GROSSE ORANGE
- 44 MORCEAUX DE SUCRE
- 44 GRAINS DE CAFÉ
- 1 L D'EAU-DE-VIE DE POMME

Prendre l'orange et mettre 44 coups de couteau dedans. La mettre dans un bocal d'environ 1,5 l et y ajouter les grains de café, les morceaux de sucre ainsi que l'eau-de-vie. Laisser macérer pendant 44 jours tout en remuant tous les jours.
Déguster en digestif.

· CITATION · Si janvier est doux comme février, février est rude comme janvier.

PATRIMOINE

Quelques jumelages de Rennes

C'est en 1965 que Rennes et ***Brno***, en République tchèque, ont signé un pacte de jumelage. Cette ville de 410 000 habitants, à 1 300 km de Rennes, est la capitale de la Moravie et la deuxième plus grande ville de la République tchèque. Elle possède un riche patrimoine architectural avec de nombreuses églises baroques et des bâtiments de style Art déco et fonctionnaliste (par exemple la Villa Tugendhat de Mies Van der Roh). Les échanges sont nombreux entre les deux villes et concernent plusieurs domaines : gestion municipale, enseignement supérieur, sport, culture, etc.

À presque 10 000 km de la capitale historique de la Bretagne, la ville japonaise de ***Sendai*** a signé un pacte de jumelage en 1967. Bordé de montagnes à l'ouest et du Pacifique à l'est, capitale de la préfecture de Miyagi, située à environ 300 km au nord-est de Tokyo, sur l'île d'Honshu, Sendai est une des onze plus importantes villes du Japon. En mars 2001, elle fut fortement endommagée par le séisme et le raz-de-marée qui ravagèrent une partie du Japon. À cette occasion, le comité de jumelage a récolté des dons pour aider les victimes de ce triste événement.

Louvain et Rennes sont jumelés depuis 1980. À environ 550 km du chef-lieu d'Ille-et-vilaine, Louvain est une ville universitaire néerlandophone d'à peine 100 000 habitants située en région flamande. Elle est dotée d'un patrimoine architectural exceptionnel, notamment l'hôtel de ville, joyau de l'architecture gothique, mais aussi l'église Saint-Pierre, ou encore les halles aux Draps, la Grand-Place, le béguinage du XIIe siècle et ses habitations du XVIIe. Leuven est également connu comme la cité de la bière (marques Stella Artois et Domus).

POUR TOUT SAVOIR

Cœurs en Chœur à Saint-Malo (35)

Au profit de l'association Les restaurants du cœur, l'association SC Événements propose un spectacle sur le même concept que celui de la tournée des enfoirés. Le temps de deux soirées musicales, des artistes revisitent les chansons d'hier à aujourd'hui lors de concerts joyeux et dynamiques reprenant essentiellement des tubes français. Grâce à l'association et à ces Cœurs en chœur, ce sont plus de 400 000 euros qui ont pu être reversés aux Restos du cœur depuis la création de l'événement en 2000.

Plus d'informations : www.coeursenchoeur.fr

NOTES

lever 08 h 33
coucher 17 h 47, + 2

lundi 22

Vincent
Diacre de Saragosse, martyr à Valence en 304.

lever 08 h 32
coucher 17 h 48, + 2

mardi 23

Barnard
Archevêque de Vienne, en Isère, mort en 841. Après avoir quitté la cour de Charlemagne, il distribua aux pauvres ses biens et construisit deux monastères.

lever 08 h 31
coucher 17 h 50, + 2

mercredi 24

François de Sales
Évêque de Genève, mort en 1622. Il fonda l'ordre des Visitandines.

lever 08 h 30
coucher 17 h 51, + 2

jeudi 25

Conversion de saint Paul

LE SAVIEZ-VOUS ?

LE COCO DE PAIMPOL

Ce haricot sec célèbre est une des spécialités des Côtes-d'Armor. Arrivé en France dans les années 1920, sa production n'a cessé depuis d'alimenter les marchés bretons et français. Le coco de Paimpol est devenu un des fleurons de la gastronomie bretonne qui a bien évolué pour ne plus se cantonner au cassoulet depuis longtemps. C'est un des premiers légumes frais à avoir obtenu une Appellation d'Origine Contrôlée (AOC) dont il bénéficie depuis 1998.

Riche en fibres et en vitamines, le coco se cuisine facilement et conserve toutes ses saveurs après une bonne demi-heure de cuisson. Sa peau très fine évite les problèmes intestinaux qui ternissent trop souvent sa réputation et il est pauvre en calories, ce qui en fait un aliment idéal pour les régimes. Récolté de juillet à novembre, il se déguste ensuite toute l'année et supporte très bien la congélation. Depuis 2000, une confrérie lui est consacrée, la Confrérie du coco de Paimpol et une fête du coco se tiennent chaque année sur le port de la ville.

Plus d'informations : http://cocodepaimpol.free.fr

LE SAVIEZ-VOUS ?

LES MOIS DE L'ANNÉE

Janvier : du latin januarius ; de Janus, dieu romain des Portes
Février : du latin februarius ; de Februa, période de purification à Rome
Mars : du latin martius ; de Mars, dieu de la Guerre
Avril : du latin aprilis ; de aperire qui signifie ouvrir
Mai : du latin maius mensis ; mois de Maia, la déesse romaine du Printemps
Juin : du latin junius ; mois de Junon, déesse romaine du Mariage
Juillet : du latin Julius Caesar
Août : du latin Augustus, premier empereur de Rome
Septembre : du latin septem (sept) ; septième mois de l'année quand elle commençait en mars
Octobre : du latin octo (huit) ; huitième mois de l'année
Novembre : du latin novem (neuf) ; neuvième mois de l'année
Décembre : du latin decem (dix) ; dixième mois de l'année

PATRIMOINE

Le Gwenn ha du

Ce drapeau emblématique de la Bretagne, que l'on peut apercevoir dans tous les grands rassemblements (festivals, manifestations culturelles ou autres), a été créé au début du XXe siècle. Il est une sorte de synthèse des symboles et emblèmes utilisés par les Bretons depuis plusieurs siècles. On peut y voir 11 mouchetures d'hermine qui représentent la Bretagne ducale et 9 bandes blanches et noires de tailles égales qui représentent les 9 pays historiques de la région. Les 4 bandes blanches représentent les pays de Basse-Bretagne : Cornouaille, Léon, Trégor et Vannetais. Les 5 bandes noires ceux de Haute-Bretagne, pays Nantais, Rennais, de Saint-Brieuc, de Saint-Malo et de Dol. Le Gwenn ha du est complètement apolitique et orne très souvent les frontons de mairies bretonnes, aux côtés du drapeau français.

lever 08 h 29
coucher 17 h 52, + 2

vendredi 26

Paule
Veuve romaine, disciple de saint Jérôme, morte en 404 à Bethléem.

lever 08 h 28
coucher 17 h 54, + 3

samedi 27

Angèle
Angèle Merici, fondatrice de la compagnie de Sainte-Ursule de Brescia, morte en 1540.

lever 08 h 27
coucher 17 h 55, + 3

dimanche 28

Thomas d'Aquin
Prêtre de l'ordre des Prêcheurs et docteur de l'Église, mort en 1274.

Semaine 4

janvier 2018

MOTS FLÉCHÉS

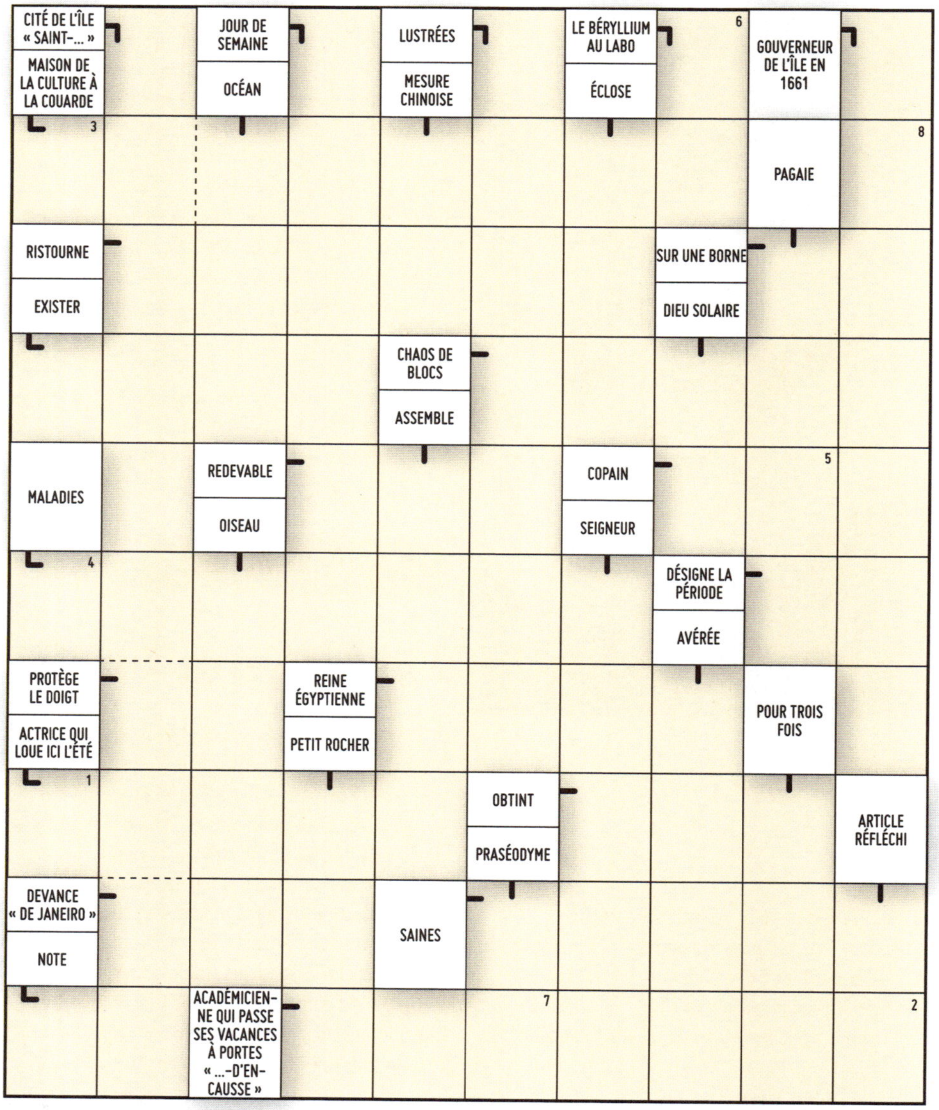

1 2 3 4 5 6 7 8

Village de vacances de St-Martin.

lever 08 h 26
coucher 17 h 57, + 3

lundi 29

Gildas
Abbé en Bretagne, mort en 570. Ce premier historien de la Bretagne est surnommé « le Sage ».

lever 08 h 25
coucher 17 h 58, + 3

mardi 30

Martine
Vierge, martyre à Rome en 226.

lever 08 h 24
coucher 18 h 00, + 3

mercredi 31

Marcelle
Noble dame romaine, moniale, disciple de saint Jérôme, morte en 410.

MOTS CROISÉS

HORIZONTALEMENT **1** Une course pour eux à Loix. **2** Pour le choix. Tue. **3** Praséodyme. Note. **4** Déployée. Pour interpeller. **5** Diode. Guère. **6** Esprit. Trait lumineux. **7** Caprice de môme. Installât sur une monture. **8** Rôti. À eux. **9** Bateau suspendu dans les églises de Ré. Symbole du xénon.

VERTICALEMENT **1** Jumelée avec St-Martin. **2** Va dehors. Douleurs. **3** À cet endroit. Bière anglaise. Quatre chez les romains. **4** Singe-araignée. Service obligatoire. **5** Arbre. **6** Ancienne à Ars pour le petit train, elle est à voir. Quand on décroche le téléphone. **7** Ceinture japonaise. Côté opposé à face. **8** Palpée. Article contracté. **9** Saint abrégé. Mollusque réputé par ici.

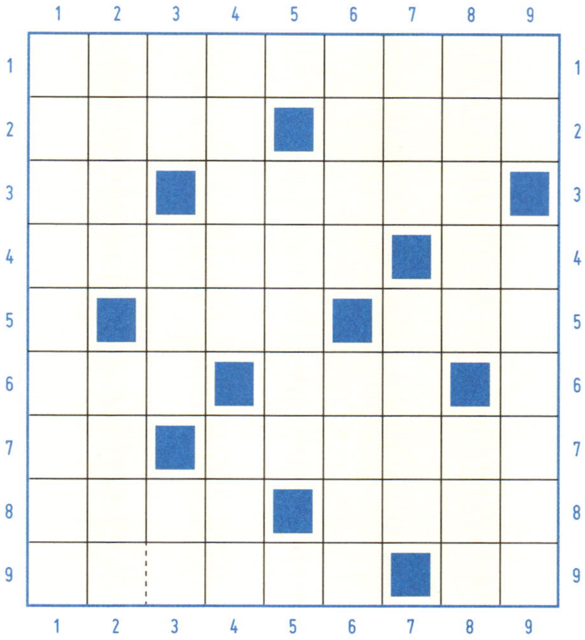

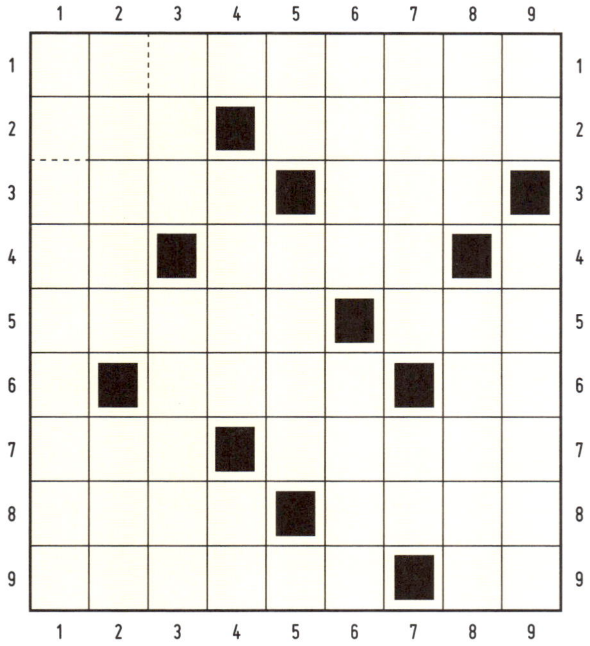

HORIZONTALEMENT **1** Surnom de l'île. **2** Compagne d'Adam. Indiens. **3** Assaisonna. Forme d'être. **4** Possède. Cible. **5** Ville de Corrèze. Service obligatoire. **6** Périodes longues. Virtuose. **7** Pas ailleurs. « ...-tease » ou « ...-poker ». **8** Fleuve d'Irlande. Toit. **9** « Le fond de... » lieu-dit à La Flotte. Préposition.

VERTICALEMENT **1** Il organise la chasse aux trésors à Loix. **2** Détenais. Hurlement. **3** Élégant. Signature. **4** Âcre. Article de Gijon. **5** Manillon. Terres cernées d'eau. **6** Réfuter. Prénom pour Wawrinka. **7** Elles sont longues de 100 km ici. Pour le rubidium. **8** Conspué. Passer sous silence. **9** Ancien copain. Célèbre politique qui a ses habitudes dans l'île.

Février 2018

En latin, februarius vient de *Februa*, dieu de la Mort et de la Purification. C'est le mois du froid, du vent, nommé « ventôse » dans le calendrier républicain, et, selon les anciennes croyances paysannes, « si février n'a pas de grands froids, le vent dominera tous les autres mois ».

Agenda

Les festivals :

Le Cru d'la Mée (44)
Concert à Saint-Aubin-des-Châteaux, en Loire-Atlantique.

La Route du Rock (35)
La Collection Hiver de la Route du Rock existe depuis 2006 (la Collection Été, quant à elle, a été créée en 1991). Sur quelques jours, Saint-Malo et Rennes accueillent artistes renommés et nouveaux talents.

Festival Travelling de Rennes (35)
Depuis 1990, le festival explore le cinéma international. Chaque année un nouveau thème est proposé, autour duquel de nouveaux talents et une nouvelle culture sont découverts.

Les marchés du Morbihan (suite) :

Le Croisty : marché mensuel, 4e samedi matin du mois

Le Faouet : marché bimensuel, 1er et 3e mercredis du mois, Les Halles

Le Roc-Saint-André : marché hebdomadaire, dimanche matin

L'Île-aux-moines : marché hebdomadaire, mercredi matin

Locmaria : marché hebdomadaire, dimanche matin

Locmariaquer : marché bihebdomadaire, mardi matin et samedi matin

Locminé : marché hebdomadaire, jeudi matin

Locmiquelic : marché hebdomadaire, vendredi matin

Lorient : marchés quotidiens, matin, Halles de Merville, du mardi au samedi matin, Halles Saint-Louis ; marchés hebdomadaires, mercredi toute la journée et samedi toute la journée, place Aristide-Briand, mercredi matin et samedi matin, cours de Chazelles, vendredi matin, marché de Keryado place de la Liberté

Malansac : marché hebdomadaire, mardi matin

Mauron : marché hebdomadaire, vendredi matin, rue Nationale

Malestroit : marché hebdomadaire, jeudi après-midi

Muzillac : marché hebdomadaire, vendredi matin

Pénestin : marché hebdomadaire, dimanche matin

Ploemel : marché hebdomadaire, vendredi matin

Ploemeur : marchés hebdomadaires, lundi matin, place Gustave-Le-Floch, mercredi matin, place Falquérho, dimanche matin

Ploeren : marché hebdomadaire, dimanche matin

Ploermel : marché hebdomadaire, vendredi matin

Plouay : marché hebdomadaire, lundi matin

Plougoumelen : marché hebdomadaire, vendredi matin, place de l'Église

Plouharnel : marché hebdomadaire, vendredi matin

Plouhinec : marché hebdomadaire, mercredi matin

Plumelec : marché hebdomadaire, mercredi matin

Pluvigner : marché hebdomadaire, samedi matin, place Saint-Michel

Pontivy : marché hebdomadaire, lundi matin, rue du Général-de-Gaulle

Pont-Scorff : marché hebdomadaire, samedi matin

Port-Louis : marché hebdomadaire, samedi matin

Questembert : marché hebdomadaire, lundi matin

Quiberon : marché hebdomadaire, samedi matin, place du Varquez
Réguiny : marché hebdomadaire, mercredi matin

Saint-Avé : marché hebdomadaire, dimanche matin

Saint-Gildas-de-Rhuys : marché hebdomadaire, dimanche matin, place l'Abbatiale

Saint-Jean-Brévelay : marché hebdomadaire, mardi après-midi

Saint-Philibert : marché hebdomadaire, samedi matin

Saint-Pierre-Quiberon : marché hebdomadaire, jeudi matin, place du Marché

Sainte-Anne-d'Auray : marché hebdomadaire, mercredi matin

Sarzeau : marché quotidien, matin (alimentaire), place Richemont ; marché hebdomadaire, jeudi matin, place des Trinitaires

Séné : marché hebdomadaire, dimanche matin (vente d'huîtres), place de l'Église
Sérent : marché hebdomadaire, mercredi matin

Sulniac : marché hebdomadaire, samedi matin

Theix : marché hebdomadaire, dimanche matin

Vannes : marché quotidien, matin sauf lundi hors saison, Halles des Lices ; marchés hebdomadaires, mardi, mercredi, vendredi et samedi matin (marché au poisson), Halles aux poissons, mardi matin et vendredi matin, Ménimur, mardi matin et vendredi matin, Kercado, mercredi matin et samedi matin, place des Lices

Mes notes

PERSONNE CÉLÈBRE

Éric Tabarly

Né à Nantes en 1931, Éric Tabarly se passionne très tôt pour le monde marin et ses voiliers (il n'a que trois ans lorsqu'il navigue avec son père à bord de l'Annie). À l'âge de 21 ans, il s'engage dans l'aéronavale, survolant des pays tels que le Maroc et l'Indochine. Après avoir intégré l'École navale, il récupère auprès de son père un vieux monocoque anglais de 1938, le Pen Duick. C'est le début d'une longue lignée de ce bateau mythique pour lequel Tabarly s'est passionné dès le début. C'est avec l'un de ces fantastiques cotres qu'il remporte la Transatlantique en solitaire en 1964 (sur le bateau Pen Duick II) puis en 1976 sur Pen Duick VI. Grâce à sa maîtrise de l'architecture navale, les bateaux d'Éric Tabarly s'illustrent régulièrement au cours de la vie du navigateur qui entraîne derrière lui « toute une génération de coureurs océaniques et contribue par ses victoires au développement de l'activité nautique en France ». C'est la mer qui le rendit célèbre, c'est aussi elle qui lui ôta la vie en 1998, lors d'une tempête dans les eaux irlandaises dans lesquelles il succomba.

NOTES

CONSEIL DU JARDINIER

ÉLIMINER LES TAUPES

Pour éliminer les taupes du jardin on peut essayer de déposer des poils de chien dans leurs trous, elles s'en iront plus loin, il paraît que c'est efficace. On peut aussi adopter des méthodes écologiques mais plus violentes. Il suffit de prendre de grandes boîtes de conserve de collectivité, de percer quelques trous à mi-hauteur pour éviter que la pluie ne les remplisse à ras bord. Ensuite on les enterre au ras du sol dans les lieux infestés et on remplit la boîte à mi-hauteur d'eau. Les mulots viennent boire et se noient.

lever 08 h 23
coucher 18 h 01, + 3

jeudi 1er

Ella

Ella Fitzpatrick était la belle-sœur de Richard Cœur de Lion. Elle fut abbesse du couvent d'Augustines qu'elle avait créé à Layrock. Elle mourut en 1261.

· CITATION · À la chandeleur, l'hiver se passe ou prend vigueur.

TRADITION

Le 2 février, c'est la Chandeleur

Autrefois appelée « Chandeleuse », la Chandeleur se fête le 2 février, soit 40 jours après Noël. Son nom vient du mot « chandelle ».
À l'époque des Romains, il s'agissait d'une fête en l'honneur du dieu Pan. Toute la nuit, les croyants parcouraient les rues de Rome en agitant des flambeaux. En 472, le pape Gélase Ier décida de christianiser cette fête. On organisa alors des processions aux chandelles le jour de la Chandeleur. Chaque croyant devait récupérer un cierge à l'église et le ramener chez lui en faisant bien attention à le garder allumé.
Ce cierge béni était censé avoir d'autres pouvoirs : quelques gouttes de sa cire versée sur des œufs à couver en assuraient une bonne éclosion ou encore sa flamme protégeait de la foudre si on l'allumait durant l'orage.
Entre-temps, une autre tradition a vu le jour : celle des crêpes. Selon un mythe lointain, si l'on n'en faisait pas le jour de la Chandeleur, le blé serait carié pour l'année. Il se disait d'ailleurs : « Si point ne veut de blé charbonneux, mange des crêpes à la Chandeleur. »
En faisant les crêpes, il faut respecter une autre coutume, celle de la pièce d'or. Ainsi, les paysans avaient l'habitude de faire sauter la première crêpe avec la main droite tout en serrant une pièce d'or dans la main gauche. La pièce était ensuite enroulée dans la crêpe que toute la famille portait en procession jusque dans la chambre à coucher des parents où elle était déposée en haut de l'armoire jusqu'à l'année suivante. On récupérait alors les débris de la crêpe de l'an passé pour donner la pièce d'or au premier pauvre venu. Si ces rites étaient respectés, la famille était assurée d'avoir de l'argent toute l'année.
Aujourd'hui, les processions aux chandelles et autres rites n'existent plus, mais on a conservé la tradition des crêpes.

LE SAVIEZ-VOUS ?

À partir de 1900 les automobiles françaises doivent obligatoirement porter une plaque d'immatriculation, c'est le service des Mines qui est chargé de les délivrer. Elles s'appelleront donc plaques minéralogiques.

ÉNIGME

CHANTS D'OISEAUX

Nous savons tous que le corbeau « croasse » et que le coq « chante », mais que font la mésange, la bécasse, le rossignol ou encore l'alouette ?

Réponse : La mésange zinzinule, la bécasse croule, le rossignol trille (il chante aussi) et l'alouette turlutte.

vendredi 2	samedi 3	dimanche 4	Semaine 5
lever 08 h 21 coucher 18 h 03, + 3	lever 08 h 20 coucher 18 h 04, + 3	lever 08 h 19 coucher 18 h 06, + 3	février 2018
Présentation	**Blaise** *Médecin, évêque de Sébaste en Arménie. La tradition place son martyre sous l'empereur Licinius, vers 320.*	**Véronique** *Femme ayant essuyé le visage du Christ montant au Golgotha.*	

• CITATION • À la sainte Agathe, l'hiver se hâte.

PATRIMOINE

Le Faou (Ar Faou)

Dans l'une des rias de la rade de Brest se niche le petit village du Faou, dans le Finistère. L'originalité de la commune tient surtout dans ses maisons à pans de bois, 23 d'entre elles sont d'ailleurs protégées et classées. Fut un temps où Le Faou vivait une activité portuaire intense grâce au transport du bois de chêne et de hêtre (le Faou signifie hêtre en breton) qui étaient abattus dans la toute proche forêt du Cranou. Ces bois servaient à la fabrication des coques et des mâts de navires. Les maisons de schiste et de granit qui bordent la grande rue datent pour la plupart du XVIe siècle. Malgré l'interdiction prononcée à l'époque de construire des maisons à colombages en raison du risque d'incendie, la plupart d'entre elles en sont pourvues.

Office de tourisme de l'Aulne Maritime
Tél. : 02 98 81 06 85
Plus d'informations : www.mairielefaou.fr

CONSEIL DU JARDINIER

LES MELONS

Les semis de melons peuvent être commencés dès la mi-février. Mettre 2 ou 3 graines (choisir une variété précoce) dans un godet rempli de terreau. Le placer à la lumière en un lieu à bonne température (20 °C minimum). Faire autant de godets que souhaité, sachant qu'un seul plant sera conservé. Tenir compte du fait que les melons prennent de la place (1 m² au minimum) en se développant. Dès que les plantules auront développé 2 feuilles, sélectionner la plus belle de chaque godet pour les repiquer dans un pot deux ou trois fois plus grand. En mars, dès que le temps est doux, sortir les pots aux plus belles heures de la journée afin d'endurcir les plants. Ils peuvent être placés sous un châssis à partir de la mi-avril. Au mois de mai, repiquer les plants en pleine terre en bonne exposition, dès lors que les gelées ne sont plus à craindre.

lever 08 h 17
coucher 18 h 07, + 3

lundi 5

Agathe
Vierge et martyre. Suppliciée à Catane, en Sicile, encore jeune fille, quand sévit la persécution de Dèce, vers 250.

lever 08 h 16
coucher 18 h 09, + 3

mardi 6

Gaston
Waast ou Vaast, évêque d'Arras, mort en 540. Il fut le catéchiste de Clovis.

lever 08 h 15
coucher 18 h 11, + 3

mercredi 7

Eugénie
Eugénie Smet, fondatrice des Auxiliatrices des Âmes du Purgatoire, morte en 1871.

lever 08 h 13
coucher 18 h 12, + 3

jeudi 8

Jacqueline
Jacqueline de Septisoles, disciple de saint François d'Assise, morte en 1274.

· CITATION · Si février est chargé d'eau, le printemps n'en sera que plus beau.

Recette

La crêpe Suzette

Pour la pâte à crêpes :

- 170 g de farine
- 1 pincée de sel
- 250 ml de lait
- 20 cl de Grand Marnier
- 1 jaune d'œuf + 1 œuf entier
- 1 cuillère à soupe d'huile végétale

Mélanger la farine et le sel.
Faire un puits au centre et incorporer le lait puis le jaune d'œuf et l'œuf préalablement battus à la fourchette dans un bol, et l'huile et le Grand Marnier.
Bien mélanger, puis ajouter à nouveau 1/4 de litre de lait. La pâte à crêpes est prête.
Faire sauter les crêpes dans la poêle.

Pour la sauce :

- 3 cuillerées à soupe de sucre
- 3 cuillerées à soupe de beurre non salé
- 1/2 verre de jus d'orange
- jus d'un citron
- zeste d'une orange

Verser le sucre dans une poêle non adhésive et le faire caraméliser.
Ajouter le beurre et le dissoudre avec le caramel.
Mélanger avec le jus d'orange et un peu de jus de citron. Faire réduire et ajouter le Grand Marnier.
Placer la première crêpe (déjà cuite) dans la sauce et la plier, ainsi de suite.
Saupoudrer les crêpes de zeste d'orange dans la poêle.
Faire flamber et servir.

Le saviez-vous ?

En hiver, l'hermine possède une fourrure très blanche, ce qui en fait un symbole de pureté. Elle est à l'origine de la devise : « Plutôt la mort que la souillure » en français, « kentoc'h mervel evet bezañ saotret » en breton.
La légende raconte que la duchesse Anne de Bretagne croisa un jour le chemin de chasseurs à la poursuite d'une blanche hermine. L'animal, acculé au bord d'une mare boueuse, fit face aux chasseurs plutôt que de traverser l'eau boueuse. Voyant cela, la duchesse Anne obtint la grâce de l'hermine et en fit son emblème.

Histoire

Cycle calendaire

Dans l'almanach du facteur on trouve, écrit en petits caractères, Cycle solaire calendaire suivi d'un numéro de 1 à 28. Mais que représente ce cycle ?
Le Cycle solaire calendaire est une période de 28 années au bout de laquelle les jours de la semaine reviennent aux mêmes dates, et dans le même ordre d'une année sur l'autre. Cette période est le produit du nombre de jours de la semaine (7 jours) par la durée de la période des années bissextiles (4 ans) soit 28 ans. Le 12 février 2012 est un dimanche, tout comme le 12 février 1984 et ce sera à nouveau le cas le 12 février 2040.
Cette période de 28 ans intervient dans l'élaboration des calendriers utilisés dans le « comput ecclésiastique ». Le comput ecclésiastique, publié chaque année par la congrégation des rites à Rome, permet de déterminer la date du jour de Pâques et celles de la plupart des fêtes mobiles.

lever 08 h 12
coucher 18 h 14, + 3

vendredi 9

Apolline
Morte en 249, vierge diaconesse d'Alexandrie, martyrisée sous Dèce.

lever 08 h 10
coucher 18 h 15, + 3

samedi 10

Arnaud
Arnaud Cataneo, abbé du monastère de Sainte-Justine de Padoue, mort en 1255.

lever 08 h 09
coucher 18 h 17, + 3

dimanche 11

Notre Dame de Lourdes

Semaine 6

février 2018

• CITATION • Février pluvieux, mars hâleux, bons pour les laboureux.

PATRIMOINE

Au détour des côtes de Bretagne

LA BAIE DE SAINT-MALO

Le phare du Grand Jardin, emblématique de l'entrée en baie de Saint-Malo, a été érigé à la fin du XIXe siècle (début de la construction en 1865) et son histoire est marquée par l'épouvantable naufrage du Hilda, un vapeur qui arrivait d'Angleterre et qui par une nuit de novembre 1905, s'échoua sur les rochers des Courtils, tout proches du phare, sans que les gardiens, calfeutrés dans le phare, à cause de la neige et du vent, n'entendent quoi que ce soit du drame qui se jouait à quelques hectomètres d'eux. Le bilan, affreux, sera de 125 morts et de 6 rescapés que les gardiens du phare trouveront, au matin, accrochés à l'épave.

LE MONT-SAINT-MICHEL

Au détour d'une bosse, à l'échancrure d'un banc de brume, il apparaît soudain, magique, majestueux, et devant cette alliance incroyable de la beauté de la nature et du talent des hommes, nous ne pouvons que nous faire tout petits. Allez-y en hiver, quand la foule des touristes n'est pas encore arrivée, montez à l'abbaye, faites le tour des remparts, imprégnez-vous des horizons lointains de la baie… et n'hésitez pas à aller méditer dans le cloître !

Le Mont est là, mais il est ailleurs, pour le Breton que je suis, car « le Couesnon dans sa folie a mis le Mont en Normandie… ».

LORIENT

Les ports de commerce, la nuit, exercent sur votre serviteur une fascination chargée de poésie : le spectacle des grues fantomatiques, la poésie des navires à quai dont on ne sait quand ils largueront les amarres, ni vers quelle destination, la clientèle cosmopolite des bars dont on ne sait plus s'ils viennent d'ouvrir ou s'ils s'apprêtent à fermer, les conversations polyglottes qui s'entrechoquent dans un brouhaha joyeux, les noctambules qui ne savent plus très bien quel jour on est… autant de souvenirs personnels de livreur de journaux du matin !

RENNES

Comment voir cette place Saint-Michel sans évoquer les folles soirées de jeudi des étudiants rennais, même si les débordements deviennent un peu trop fréquents et les produits qui circulent pas tous autorisés… À titre personnel, dans les années 90, j'ai bluffé toute mon équipe de

lever 08 h 07
coucher 18 h 18, + 3

lundi 12

Félix
Martyr à Carthage au VIe siècle.

lever 08 h 06
coucher 18 h 20, + 3

mardi 13

Béatrice
Béatrix d'Ornacieux, fondatrice du monastère d'Eymeux (Drôme), morte en 1303.

lever 08 h 04
coucher 18 h 21, + 3

mercredi 14

Valentin
C'était un Romain, prêtre et docteur, martyrisé et décapité sous le règne de l'empereur Claude II le Gothique, vers 269, à Rome.

lever 08 h 03
coucher 18 h 23, + 3

jeudi 15

Claude
Claude La Colombière, jésuite, confesseur de sainte Marguerite-Marie, mort en 1682.

commerciaux venus de la France entière en les faisant dîner dans le quartier un jeudi soir : les Parisiens, le Marseillais, le Lyonnais, bref tous ouvraient des yeux ébahis devant la foule qui bloquait carrément la rue Saint-Michel à onze heures du soir !

Le Croisic

Le Croisic est la patrie d'un marin hors normes, disparu en novembre 2009 et qui, à l'heure où je naissais, entamait un tour du monde en solitaire sur un cotre norvégien de 10 mètres : le *Kurun* (tonnerre en breton). Jacques-Yves Le Toumelin, après Joshua Slocum, fut l'un des précurseurs discrets de la circumnavigation en solitaire. Trois ans de « promenade », d'observations, de philosophie, d'ethnologie, et déjà de cri d'alarme sur la disparition de civilisations. À lire, si toujours disponible en format poche, dans le *Kurun autour du monde*. Pour l'anecdote, ce grand monsieur était l'oncle, et le père spirituel de Matthieu Ricard, moine bouddhiste bien connu et traducteur du Dalaï Lama.

Camaret

Ce bel ex-voto de la chapelle Notre-Dame de Rocamadour ne doit pas cacher le déclin de cet agréable port de pêche qui commença par s'illustrer en 1694 en infligeant de lourdes pertes à la flotte anglo-hollandaise qui tentait de forcer le goulet de Brest. Puis au XIXe siècle ce fut la grande épopée de la sardine jusqu'à la crise du début du XXe qui obligea les pêcheurs camarétois à s'éloigner de leur port d'attache pour aller pêcher la langouste jusque sur les côtes de Mauritanie : en 1960, Camaret était le premier port langoustier d'Europe ! La raréfaction de la ressource marqua la fin de l'activité dans les années 90.

À NE PAS MANQUER

La route du rock, collection hiver, à Saint-Malo (Ille-et-Vilaine)

Cela fait désormais huit ans que l'association Rock Tympans propose la route du rock, version hivernale. Avec une programmation toujours très pointilleuse, le public est conquis par l'événement. À Saint-Malo et à Rennes, la route du rock, collection hiver, ce sont ces quelques jours pour se réchauffer les oreilles…

Pour tout renseignement : association Rock Tympans
4, mail François-Mitterrand
35000 Rennes
Courriel : info@ laroutedurock.com
Plus d'informations : www.laroutedurock.com

lever 08 h 01
coucher 18 h 24, + 3

vendredi 16

Julienne
Vierge et martyre au IVe siècle à Nicomédie, en Asie Mineure, elle fut condamnée par son fiancé lui-même, qui présidait le tribunal au nom et sous la pression de l'empereur.

lever 07 h 59
coucher 18 h 26, + 3

samedi 17

Alexis
Alexis Falconieri, un des sept saints fondateurs de l'Ordre des Servites de Marie, mort en 1310.

lever 07 h 58
coucher 18 h 27, + 3

dimanche 18

Bernadette
Bernadette Soubirous, jeune fille à laquelle la Vierge Marie apparut, morte en 1879.

Semaine 7

février 2018

• CITATION • Le temps qu'il fait le jour de la sainte Isabelle, dure jusqu'aux Rameaux.

HISTOIRE

Le Revers du café

Volé à l'Arabie en 1616, le café a été planté dans toutes les zones tropicales du monde, par les puissances coloniales européennes, en premier lieu par les Hollandais, puis par les Français. La culture du café est malheureusement associée à l'esclavagisme, les plantations de café sont à l'origine du développement de la traite des esclaves d'Afrique. Dès 1730 l'administration coloniale française achemina dans les Antilles quelque trente mille esclaves par an ! Et ce rythme s'accéléra : en 1791, lorsqu'éclata la révolte des esclaves à Saint-Domingue, il y avait cinq cent mille esclaves dans les Antilles.

Comme l'écrit Eddy Marnay chanté par Yves Montand :

« Planter café
C'est pas pour les gens fragiles
Y a qu'à se baisser
Mais c'est ça qui est difficile »

Et c'est oublier que les esclaves, tout au moins au début, étaient utilisés pour défricher ces terres tropicales dans des conditions épouvantables.

LE SAVIEZ-VOUS ?

LE TRO-BREIZH

Le Tro-Breizh est un pèlerinage qui remonte au Moyen Âge. Les croyants faisaient le tour de la Bretagne pour y prier devant les reliques des sept saints et évêques fondateurs du pays : saint Samson, évêque de Dol, saint Maclou ou MacLaw ou Malo, évêque de Saint-Malo, saint Brieuc, évêque de Saint-Brieuc, saint Tugdual, évêque de Tréguier, saint Pol Aurélien, évêque de Saint-Pol-de-Léon, saint Corentin, évêque de Quimper, saint Patern, évêque de Vannes. Le tour des saints bretons représentait alors une marche de 600 km qui permettait aux Bretons qui l'effectuaient de gagner le paradis à coup sûr.

lever 07 h 56
coucher 18 h 29, + 3

lundi 19

Gabin
Gabin de Rome, prêtre et martyr en 286. Frère du pape saint Caïus et père de sainte Suzanne.

lever 07 h 54
coucher 18 h 30, + 3

mardi 20

Aimée
Nièce de sainte Claire d'Assise, morte en 1252.

lever 07 h 53
coucher 18 h 32, + 3

mercredi 21

Pierre Damien
Évêque d'Ostie, docteur de l'Église, mort en 1072. Il fut avec le futur Grégoire VII un des promoteurs de la réforme du clergé.

lever 07 h 51
coucher 18 h 33, + 3

jeudi 22

Isabelle
Isabelle de France, religieuse clarisse, sœur de saint Louis, morte en 1270.

· CITATION · S'il tonne en février, point de vin tiré.

POUR TOUT SAVOIR

LA SIGNALISA

En Bretagne, la signalisation de localisation et de direction est souvent bilingue français/breton depuis le début des années 1980 et ce phénomène s'accentue. Ainsi, l'entrée de nombreuses villes et villages est indiquée dans les deux langues. Par exemple, Rennes est également nommée Roazhon, Châteauneuf du Faou devient Kastel Nevez ar Faou en breton et on peut également lire Gwened sous le panneau de Vannes. Plus que la signalisation routière, les communes ont tendance à utiliser les noms bretons pour l'ensemble du nom des rues. Cette double écriture est revendiquée par plus de la moitié des Bretons mais elle trouve également ses opposants, comme souvent les signes distinctifs culturels. Certains panneaux se voient désormais tagués sauvagement par leur nom en breton tandis qu'à l'inverse, ce sont parfois les noms en breton qui sont effacés. C'est l'Office de la langue bretonne (L'Ofis ar Brezhoneg) qui agit à titre de conseiller pour la signalisation bilingue en Bretagne.

RECETTE

SOUFFLÉ DE POTIMARRON

POUR 4 PERSONNES

- 1 POTIMARRON D'ENVIRON 1 KG
- 3 ŒUFS
- NOIX DE MUSCADE RÂPÉE
- 25 CL DE CRÈME FRAÎCHE ÉPAISSE
- 75 G DE GRUYÈRE RÂPÉ
- 1 BOUQUET GARNI
- SEL, POIVRE

Éplucher le potimarron au couteau, le détailler en gros morceaux et les mettre à cuire 20 minutes dans une marmite d'eau bouillante salée avec le bouquet garni. Les sortir à l'aide d'une écumoire et les laisser égoutter au moins 30 minutes, puis les presser afin qu'ils dégorgent bien leur eau.
Pendant ce temps, séparer les blancs des jaunes d'œufs. Mixer le potimarron avec la crème fraîche. Quand le mélange est mousseux, ajouter les jaunes d'œufs et mettre à chauffer doucement au bain-marie 10 minutes sans cesser de remuer. Saler, poivrer et saupoudrer d'un peu de noix de muscade. Battre les blancs d'œufs en neige avec 1 pincée de sel et les incorporer délicatement à la préparation ; ajouter enfin le gruyère râpé et verser dans un moule à soufflé préalablement beurré.
Enfourner à four chaud (180 °C – th. 6) pour 30 minutes sans jamais ouvrir la porte du four pendant la cuisson.
Servir immédiatement à la sortie du four, le soufflé retombant très vite !

lever 07 h 49
coucher 18 h 35, + 3

vendredi 23

Lazare
Lazare l'Iconographe, moine en Arménie, peintre d'icônes, mort vers 867.

lever 07 h 47
coucher 18 h 36, + 3

samedi 24

Modeste
Évêque de Trèves, en Allemagne, à l'époque des Francs. Il mourut en 489.

lever 07 h 46
coucher 18 h 38, + 3

dimanche 25

Roméo
À Lucques, en Toscane, au XIVe siècle, il fut le compagnon de saint Avertin dans ses pèlerinages.

Semaine 8

février 2018

MOTS FLÉCHÉS

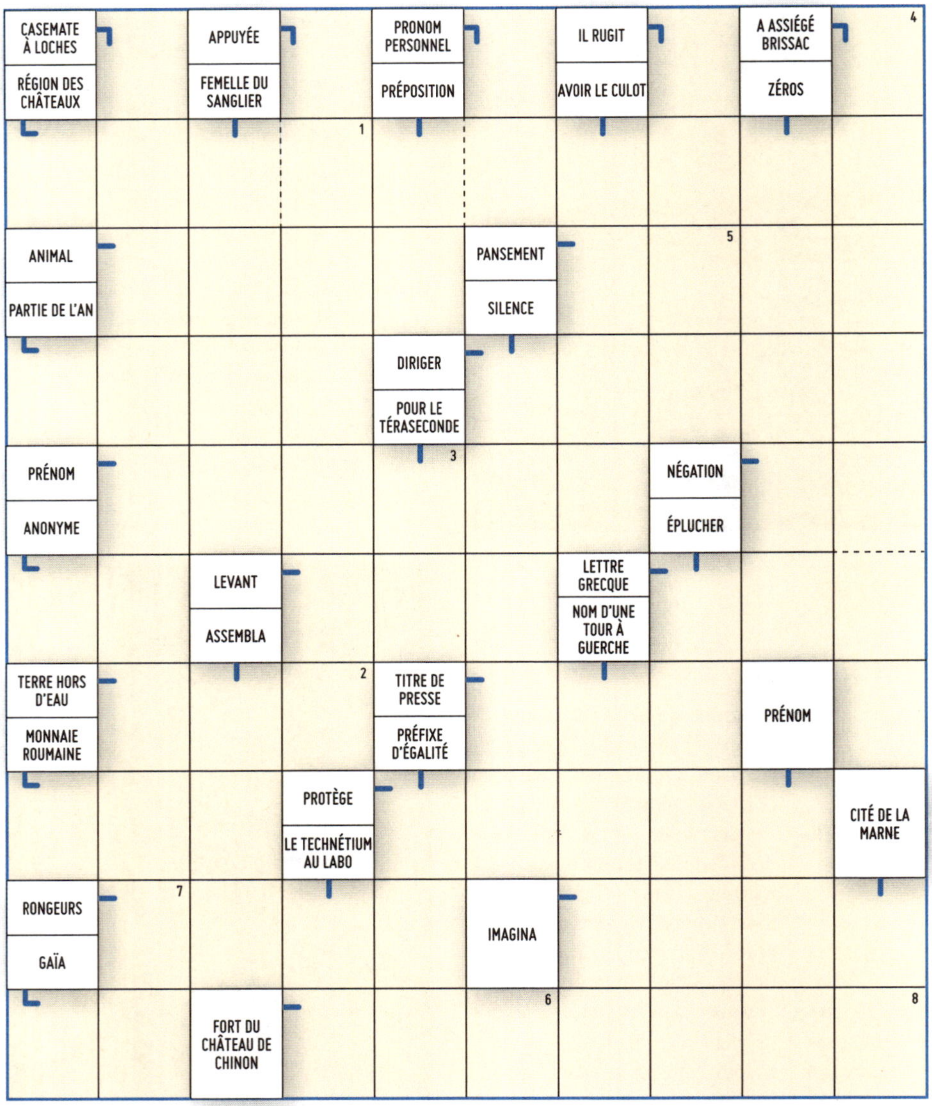

1 2 3 4 5 6 7 8

Premier propriétaire du Château de Boumois.

lever 07 h 44
coucher 18 h 39, + 3

lundi 26

Nestor
Évêque de Magydos, en Pamphylie, dans le Sud de l'actuelle Turquie, martyr en 251 lors de la persécution de l'empereur Dèce.

lever 07 h 42
coucher 18 h 40, + 3

mardi 27

Honorine
Vierge et martyre du IVe siècle, jetée dans la Seine à Tancarville ou morte près de Bayeux.

lever 07 h 40
coucher 18 h 42, + 3

mercredi 28

Romain
Abbé du Jura, frère de saint Lupicin, mort en 460.

MOTS CROISÉS

HORIZONTALEMENT **1** « …d'Alençon » s'installa au Clos-Lucé en 1509. **2** Femelle du lièvre. Pesa. **3** Allonge. Écorce de chêne. **4** Colline. Course à pied. **5** Métal. **6** 55 chez les romains. S'esclaffe. Symbole du cobalt. **7** À un poil près. Enzyme. **8** Aiguisa. Poème. **9** Sous le mi. Le château d'Azay-le-Rideau a pour fondation « les pierres de Saint-… ».

VERTICALEMENT **1** Une chambre à contempler au château des Réaux « Chasseur-… ». **2** Précipita. Plane. **3** Refuge. Le titane au labo. **4** Métro parisien. Complota. **5** Pièce de soutien. Bradype. **6** Agent de liaison. Prénom. **7** Démon. Festival du château de Cande « Terres du… ». **8** Me rendrai. Donna. **9** Une partie de ses toiles sont exposées au château de Montgeoffroy. Désigne la période.

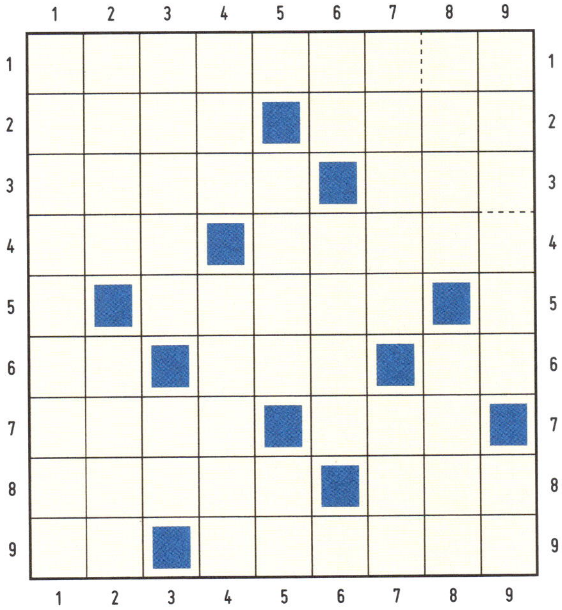

HORIZONTALEMENT **1** Type de promontoire de schiste où le château d'Angers est édifié. **2** Liquidas. Voiture. **3** Colosse. Étang. **4** École de l'administration. Retire. **5** Article défini. Serrée. **6** Pouffera. Le docteur plus court. **7** Saveur. Monarque. **8** Au milieu de. Amérindien. **9** Appris. Belle chambre du château de Giseux « Marie d'… ».

VERTICALEMENT **1** Galerie à voir au château de Chenonceau. **2** Reste. Union de pays. **3** Fixa un temps. Chaleur animale. **4** Tenta. Architecte qui reconstruisit la chapelle du château d'Angers en 1945. **5** Couleur. Proche envoi. **6** La sienne. Souverain russe. **7** Mille-pattes. Dehors chez l'anglais. **8** Lettre grecque. Article de fond d'un journal. **9** Nom d'une fontaine du château de Chenonceau. Agent de liaison.

Mars 2018

Mars était à l'origine le premier mois du calendrier romain, puisque le retour des beaux jours marquait le début de la période des guerres. Ainsi, les Romains avaient baptisé ce mois Martius, en l'honneur du dieu de la Végétation et de la Guerre, Mars. Père des jumeaux Romulus et Remus, ce dieu sanguinaire, qu'on oppose souvent à Vénus, a pour couleur le rouge, et les pierres précieuses qui lui sont associées sont le rubis, le grenat et la cornaline. Il a naturellement donné son nom à la planète Mars, appelée aussi la planète rouge, terre chaude et féroce, liée, dans la symbolique astrologique, aux tyrans et à la guerre.

Agenda

Les festivals :

Les Embellies d'Hiver (35)
Festival de musique pop, rock et folk à Rennes.

Le Festival Bric à Bruc (35)
Le premier week-end de mars, le festival Bric à Bruc, qui est organisé par l'Association de la jeunesse brucoise dans le but de dynamiser la commune et de promouvoir des artistes locaux.

Le Festival Rue des livres (35)
À Rennes, il accueille tous les genres : poésie, polar, nouvelles, roman, théâtre, bande dessinée, essais…

Festival de la chanson de café (44)
Organisé par la Ville à Pornic, l'événement est devenu un temps fort de la saison culturelle.

Les marchés d'Ille-et-Vilaine :

Acigné : marché hebdomadaire, mercredi matin

Antrain : marché hebdomadaire, mardi matin

Baguer-Morvan : marché hebdomadaire, vendredi matin

Bain-de-Bretagne : marchés hebdomadaires, lundi matin, vendredi après-midi de 16 heures à 19 heures (marché du terroir), place de la République

Bazouges-la-Pérouse : marché hebdomadaire, jeudi matin

Beaucé : marché hebdomadaire, vendredi après-midi

Bédée : marché hebdomadaire, samedi matin

Betton : marché hebdomadaire, dimanche matin

Bourgbarré : marché hebdomadaire, vendredi après-midi de 16 heures à 20 heures, place de l'Église et rue des Sports

Bruz : marché hebdomadaire, vendredi matin, place du Docteur-Joly

Cancale : marché hebdomadaire, dimanche matin

Cesson-Sévigné : marché hebdomadaire, samedi matin

Chantepie : marché hebdomadaire, vendredi matin

Chartres-de-Bretagne : marché hebdomadaire, jeudi matin

Châteaubourg : marché hebdomadaire, vendredi matin, parking de la Vilaine

Châteaugiron : marché hebdomadaire, jeudi matin, place des Gâtes

Châtillon-sur-Seiche : marché hebdomadaire, dimanche matin

Chavagne : marché hebdomadaire, mercredi matin

Combourg : marché hebdomadaire, lundi matin

Corps-Nuds : marché hebdomadaire, mercredi matin

Dinard : marchés hebdomadaires, mardi matin, jeudi matin et samedi matin, mercredi matin à Saint-Énogat

Dol-de-Bretagne : marché hebdomadaire, samedi matin, centre-ville

Épignac : juillet et août, dimanche matin

Fougères : marché hebdomadaire, jeudi matin, centre-ville

Gévézé : marché hebdomadaire, vendredi après-midi, de 16 heures à 20 heures, espace des Droits-de-l'Homme

Goven : marché hebdomadaire, mercredi matin, place Saint-Martin

Grand-Fougeray : marché hebdomadaire, samedi matin

Guichen : marché hebdomadaire, mardi matin, place de la Mairie

Guignen : marché hebdomadaire, mercredi matin, place de l'Église

Guipry : marché hebdomadaire, jeudi matin, place de l'Église

Hédé : marché hebdomadaire, mardi matin

Iffendic : marché hebdomadaire, jeudi après-midi de 16 h 30 à 20 heures, devant l'église, place des Combattants

Janzé-de-Bretagne : marché hebdomadaire, mercredi matin

La Bouexière : marché hebdomadaire, jeudi matin

La Chapelle-des-Fougeretz : marché hebdomadaire, samedi matin

Mes notes

· CITATION · À mars poudreux, avril pluvieux.

NATURE

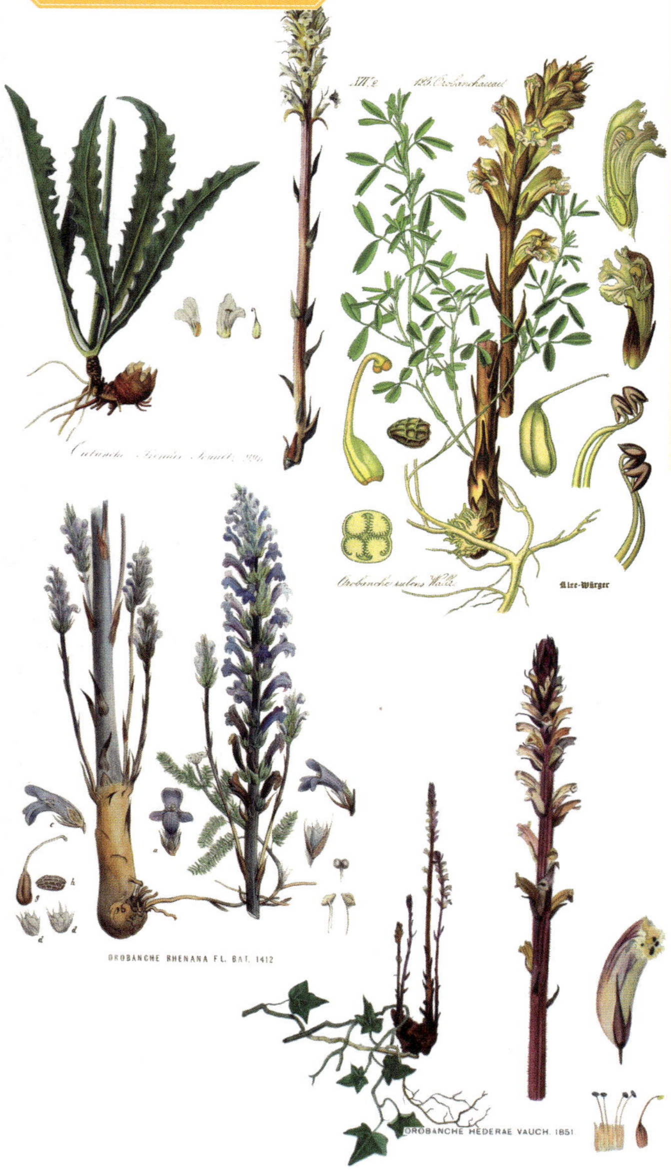

Les Orobanches

Les orobanches ne sont pas des champignons bien qu'elles soient des végétaux sans chlorophylle – c'est-à-dire sans feuilles vertes. Ces plantes de 20 à 50 cm de haut, à tige écaillée et feuilles réduites de couleur jaune terne à brun, aux fleurs regroupées en épi, sont des parasites. Elles dépendent entièrement d'autres végétaux sur lesquels elles fixent leurs racines pour prélever eau et éléments nutritifs. Souvent, les orobanches se spécialisent sur les plantes d'une famille, comme l'orobanche minor qui pousse sur des papilionacées comme le trèfle. Certaines sont même attachées à une seule plante-hôte, dont on utilise le nom pour les désigner, comme l'orobanche du lierre (Orobanche hederae). Il est courant de représenter aussi ces plantes-hôtes sur les planches botaniques décrivant les orobanches.

CONSEIL DU JARDINIER

Sur le littoral il est temps de semer en pleine terre certains légumes (betterave rouge, carotte, cerfeuil, fèves, persil ou poireaux), et les fleurs annuelles. Ailleurs les nuits sont encore froides mais on peut planter les bulbes à floraison estivale et automnale (anémones, glaïeuls, lys ou renoncules) et finir de nettoyer le jardin. C'est aussi la période pour planter des vivaces ou les arbustes à racines nues. Il ne faut pas oublier de traiter les arbres fruitiers en pulvérisant une solution à base de soufre.

NOTES

lever 07 h 38
coucher 18 h 43, + 3

jeudi 1er

Aubin

Aubin d'Angers, mort en 550. Originaire de Bretagne, il fut d'abord abbé de Nantilly, près de Saumur. Il devint évêque d'Angers, dont il est le patron céleste.

• CITATION • De Saint-Casimir la douceur, fait peur aux jardiniers et aux laboureurs.

PATRIMOINE

Île de Houat

Face au golfe de Quiberon, entre la ville et Belle-Île, Houat est une bande de terre où se mêlent falaises et plages de sable. On y accède par bateau après 45 minutes de traversée au départ de Quiberon et l'arrivée dans le port de Saint-Gildas. L'île est peuplée de moins de 300 âmes mais ce nombre peut se multiplier en saison avec l'afflux de touristes. Les maisons blanches au toit d'ardoises sont typiques de la région et le port referme les bateaux des pêcheurs. La pêche est encore une des activités principales de l'île avec l'agriculture et le tourisme. En dehors du bourg, Houat est restée sauvage et se découvre par ses sentiers pédestres qui longent une côte déchiquetée par les marées. Cinq kilomètres de long pour 1,5 de large rendent inutile l'automobile sur l'île qui ne contient donc que tracteurs, bicyclettes et bateaux de plaisance ajoutés à ceux des armateurs de la pêche. La vie sur Houat s'articule autour du village et invite à jouer les Robinson Crusoé dans le reste de l'île. Grâce à son calme, de nombreux oiseaux migrateurs en ont fait un lieu de halte.

Mairie de l'île de Houat
Le Bourg
56170 Houat
Tél. : 02 97 30 68 04
Plus d'informations : www.communedehouat.fr

LE SAVIEZ-VOUS ?

CES MOTS QUI VIENNENT DE LOIN…

De nombreux noms communs relativement courants dans notre langage du quotidien trouvent leur origine dans la lointaine Antiquité, celle des Grecs de l'Iliade et l'Odyssée… En voici trois exemples. Panacée était une déesse grecque, fille d'Asclépios dieu de la médecine et d'Épione la nymphe « qui soulage les maux ». Elle prodiguait aux hommes des remèdes à base de plantes. C'est d'elle que vient le nom du remède magique et imaginaire qui guérit tous les maux, la panacée. Dans la mythologie grecque, Dédale était l'architecte qui avait conçu le labyrinthe où était enfermé le Minotaure. Par la suite, ce nom a été repris pour désigner un endroit complexe, un cheminement compliqué, un quasi-synonyme de labyrinthe.Mentor, c'était à l'origine le nom du précepteur de Télémaque, et qui accompagna ce dernier dans son périple pour retrouver Ulysse son père. Un mentor est aujourd'hui un conseiller auquel on fait entière confiance.

lever 07 h 37
coucher 18 h 45, + 3

vendredi 2

Charles le Bon
Comte de Flandre, il se montra gardien de la justice et défenseur des pauvres. Il fut assassiné en 1127 à Bruges.

lever 07 h 35
coucher 18 h 46, + 3

samedi 3

Guénolé
Mort en 504, il fut disciple de saint Budoc dans l'île Lavret. Il fonda l'abbaye de Landévennec.

lever 07 h 33
coucher 18 h 48, + 3

dimanche 4

Casimir
Prince polonais, fils de Casimir IV Jagellon, roi de Pologne. Mort en 1484, il est le patron de la Pologne et de la Lituanie.

Semaine 9

mars 2018

• CITATION • Le beau temps de mars se paie en avril.

C'EST ARRIVÉ LE 8 MARS 1982

La journée de la femme

Les Nations unies l'avaient instituée cinq ans plus tôt, quand, en ce 8 mars 1982, Yvette Roudy, ministre aux Droits de la femme du premier gouvernement de François Mitterrand, instaure officiellement cette journée en France. Mais un autre événement, qui fête son centenaire, mérite d'être évoqué : le 29 janvier 1912 précisément, une délégation emmenée par Marguerite Durand et Séverine se rendait au Palais-Bourbon pour réclamer le vote des femmes. Comme leurs noms ont tendance à tomber dans l'oubli, il convient de réhabiliter la mémoire de ces deux femmes de plume, par ailleurs très amies. De son vrai nom Caroline Rémy, Séverine est née en 1855 à Paris. Fréquentant les milieux anarchistes et libertaires, en particulier Jules Vallès dont elle fut la secrétaire, elle publia ses premiers écrits en 1897 sous le pseudo d'Arthur Vingtras dans le journal La Fronde créé par Marguerite Durand, journaliste.

Née en 1864, Marguerite Durand s'était lancée dans la politique et le journalisme. Elle voulait se porter candidate aux législatives d'avril 1910 mais le préfet de la Seine refusa de lui délivrer un récépissé de sa déclaration de candidature. Marguerite Durand porta l'affaire devant le Conseil d'État. Le 26 janvier 1912 celui-ci rejeta la requête au motif que « les dispositions législatives qui régissent la composition de la Chambre des députés sont dans leur ensemble sans application au regard du sexe féminin ». On comprend pourquoi Marguerite Durand et Séverine se sont retrouvées au Palais-Bourbon pour réclamer le vote des femmes…

Portrait de Caroline Rémy

POUR TOUT SAVOIR

COMMENT DÉCONTAMINER L'EAU RENDUE RADIOACTIVE

À la suite d'un tsunami, la catastrophe nucléaire de Fukushima au Japon a nécessité le traitement de l'eau de mer utilisée massivement pour refroidir les réacteurs endommagés. Environ 10 000 t de cette eau ont pu être récupérées dans des cuves. La décontamination a été confiée à la société française Areva. Après avoir débarrassé l'eau de l'huile à laquelle elle s'est trouvée mélangée, le procédé de coprécipitation a été utilisé pour précipiter les radioéléments. Une fois les particules tombées au fond des cuves, l'eau a été filtrée et stockée dans d'autres cuves. Il est prévu de réutiliser cette eau décontaminée et dessalée dans les systèmes de refroidissement de la centrale. Par contre, les boues résiduelles (50 fois plus radioactives que l'eau traitée au départ) ont été entreposées dans une fosse spéciale, en attendant que soit décidé leur confinement définitif, pour plusieurs centaines de milliers d'années.

lever 07 h 31
coucher 18 h 49, + 3

lundi 5

Olive
Olive serait morte martyre en 119 à Brescia. Elle est vénérée à Palerme, en Sicile, et à Carthage, en Afrique.

lever 07 h 29
coucher 18 h 51, + 3

mardi 6

Colette
Colette de Corbie, née en Picardie, réformatrice des Clarisses, morte à Gand en 1447.

lever 07 h 27
coucher 18 h 52, + 3

mercredi 7

Félicité
Esclave, elle fut arrêtée avec une matrone noble, Perpétue, et livrée aux bêtes en 203, à Carthage, sous Septime Sévère.

lever 07 h 25
coucher 18 h 53, + 3

jeudi 8

Jean de Dieu
Joao Ciudad, né en 1495 au Portugal. Berger puis soldat, il prit l'habit religieux et fonda l'ordre des Frères hospitaliers. Il mourut en 1550.

· CITATION · S'il gèle au jour des quarante martyrs, il gèlera encore quarante jours au pire.

POUR TOUT SAVOIR

GRASSE. — La Cueillette des Tubéreuses. — L.L.

La tubéreuse

Introduite en France au XVIe siècle, la tubéreuse est originaire du Mexique. Elle est considérée comme la fleur la plus odorante du monde végétal. Cette caractéristique lui vaut d'être utilisée en parfumerie, elle entre dans la composition du fameux parfum « Opium » de Dior et dans quelques autres, dont un qui s'appelle « Tubéreuse criminelle » ! Autrefois elle était beaucoup plantée dans les jardins du sud de la France. Actuellement elle est encore un peu cultivée pour la parfumerie près de Grasse. En fleur coupée son parfum est enivrant à tel point qu'elle a la réputation d'incommoder les femmes enceintes. On dit que Madame de La Vallière, maîtresse de Louis XIV, faisait mettre dans sa chambre des bouquets de tubéreuses pour prouver qu'elle n'était pas enceinte.

Le bulbe de tubéreuse ne fleurit qu'une fois. À l'automne on enlève les bulbes pour les mettre à l'abri de l'humidité et du froid, les caïeux qui se sont formés feront de nouveaux bulbes.

CONSEIL DU JARDINIER

UNE PLANTE MÉDICINALE : LA VIOLETTE

Proverbe : « La première violette que tu trouves au printemps, mange-la et l'an devant tu n'auras jamais la fièvre. »

L'infusion de fleurs de violette odorante est sudorifique. Toutes les violettes ont des propriétés émollientes et expectorantes, et ont été employées dans le traitement de maladies respiratoires telles que la bronchite et la coqueluche, encore de nos jours sous forme de pastilles à sucer.

La violette odorante a une longue histoire d'utilisation en herboristerie. On lui a attribué, sans aucune preuve, des vertus contre l'épilepsie, l'asthme, les maladies de peau et l'eczéma. Ce serait également un laxatif doux, un dépuratif, un diurétique, un émollient… Des bains à base de décoction de feuilles donneraient des résultats pour les maladies rhumatismales. La racine est émétique du fait de la présence de violine.

La tisane se prépare en faisant bouillir 50 g de fleurs dans un litre d'eau pendant 5 minutes.

JUSTE POUR RIRE

Un jeune homme annonce à sa mère qu'il est amoureux et qu'il souhaite se marier. Avec un sourire en coin, il lui dit :

— J'ai invité ma chérie et ses deux copines demain à prendre le thé à la maison. Je ne vais rien te dire, et tu essaieras de deviner laquelle des trois j'ai décidé d'épouser !

La mère accepte. Le lendemain, il revient avec trois jolies filles. Ils passent au salon, discutent un bon moment, et finalement le jeune homme demande à sa mère :

— Alors maman, à ton avis, qui crois-tu que je compte épouser ?

— Celle du milieu.

— Waow, c'est super, tu as deviné !!! Comment as-tu fait ?

— Simple intuition, elle me tape déjà sur les nerfs…

NOTES

lever 07 h 23
coucher 18 h 55, + 3

vendredi 9

Françoise
Françoise Romaine, religieuse. Mariée toute jeune, après la mort de son mari, elle se retira parmi les oblates et mourut en 1440.

lever 07 h 22
coucher 18 h 56, + 3

samedi 10

Vivien
Soldat romain, martyr en Cappadoce en 320.

lever 07 h 20
coucher 18 h 58, + 3

dimanche 11

Rosine
Martyre, ermite des premiers siècles. Son culte est célébré en Souabe depuis le XIVe siècle.

Semaine 10

mars 2018

• CITATION • En mars quand il fait beau, prends un manteau.

CHANSON BRETONNE

Pelot d'Hennebont

Ma chère maman je vous écris
Que nous sommes entrés dans Paris
Que je sommes déjà Caporal
Et serons bientôt Général

À la bataille, je combattions
Les ennemis de la nation
Et tous ceux qui se présentiont
À grand coups de sabres les émondions

Le roi Louis m'a z'appelé
C'est « sans quartier » qu'il m'a nommé
Mais « sans quartier », c'est point mon nom,
J'lui dit « j'm'appelle Pelot d'Hennebont »

J'y aquiris un biaux ruban
Et je n'sais quoi au goût d'argent
Il dit boute ça sur ton habit
Et combats toujours l'ennemi
Faut qu'ce soye que'que chose de précieux
Pour que les autres m'appellent monsieur
Et foutent lou main à lou chapiau
Quand ils veulent conter au Pelot

Ma mère si j'meurs en combattant
J'vous enverrais ce biau ruban
Et vous l'foutrez à votre fusiau
En souvenir du gars Pelot

Dites à mon père, à mon cousin
À mes amis que je vais bien
Je suis leur humble serviteur
Pelot qui vous embrasse le cœur

Hennebont

Chapelle Saint-Gonéry, Plougrescant

À NE PAS MANQUER

LA CHAPELLE SAINT-GONÉRY

Plougrescant, dans les Côtes-d'Armor, est la commune la plus septentrionale de la Bretagne. Elle possède une des curiosités de la région, la chapelle Saint-Gonéry et son clocher penché. La flèche a été construite au XVIIe siècle, en plomb, sur une charpente de chêne. Le temps, le climat et le poids de la construction lui ont donné l'inclinaison que l'on connaît aujourd'hui et qui lui donne un petit air de tour de Pise. Restauré et sécurisé dans les années 1960, le clocher a néanmoins conservé son aspect penché. La chapelle porte le nom de saint Gonéry, lequel a traversé la Manche en provenance d'Irlande au vie siècle pour venir mourir auprès de sa mère sainte Elibouban.

Pour tout renseignement :
Mairie de Plougrescant
22820 Plougrescant
Tél. : 02 96 92 51 18
Courriel : mairie.plougrescant@wanadoo.fr

lever 07 h 18
coucher 18 h 59, + 3

lundi 12

Justine
Giustina Bezzoli Francucci, bénédictine d'Arezzo, en Toscane, termina sa vie en recluse, morte en 1319.

lever 07 h 16
coucher 19 h 00, + 3

mardi 13

Rodrigue
Il mourut martyr en 857 à Cordoue, avec saint Salomon.

lever 07 h 14
coucher 19 h 02, + 3

mercredi 14

Mathilde
Épouse d'Henri Ier l'Oiseleur, roi d'Allemagne. Elle fonda de nombreux monastères et se retira dans l'un d'eux, à Quedlinbourg. Elle y mourut en 968.

lever 07 h 12
coucher 19 h 03, + 3

jeudi 15

Louise
Louise de Marillac, fondatrice des Filles de la Charité, morte en 1660.

• CITATION • Sème tes pois à la saint Patrice, tu en auras tout ton caprice.

EXPRESSION

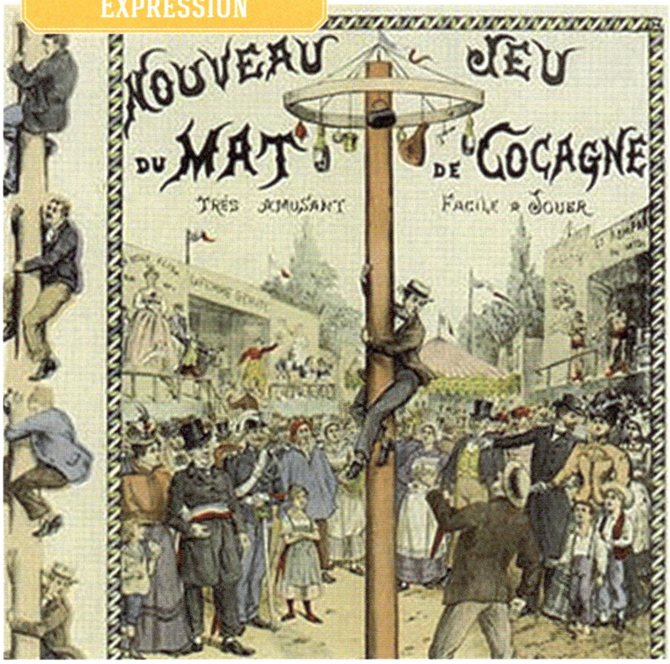

Décrocher la timbale

Cette expression signifiant parvenir à ses fins, obtenir un objet convoité, date du XIXe siècle.
Elle fait allusion aux mâts de cocagne, dressés dans les villages au cours des fêtes et au sommet desquels on accrochait des victuailles et, parfois, une timbale en argent. Ces objets appartenaient alors à celui qui arrivait à les décrocher, il fallait être particulièrement habile car les mâts, enduits de suif ou de savon, étaient très glissants.

POUR TOUT SAVOIR

L'ÉOLIEN OFFSHORE EST LANCÉ

Début 2011, le gouvernement français a officialisé la création de 5 zones d'implantation d'éoliennes en mer : Le Tréport sur 110 km², Fécamp sur 88 km², Courseulles-sur-Mer sur 77 km², Saint-Brieuc sur 180 km² et Saint-Nazaire sur 78 km². L'investissement est estimé à environ 20 milliards d'euros.
En 2020, l'ensemble du parc éolien offshore comprendra environ 1 200 éoliennes qui produiront 6 000 MW, soit 3,5 % de la consommation française d'électricité.
Chaque éolienne aura un mât de 116 à 120 m de haut pour un diamètre de 6 m qui supportera une nacelle de 290 t équipée de 3 pales de 60 m de long formant une hélice de 120 t.

LE SAVIEZ-VOUS ?

On se demande parfois pourquoi les feuilles de papier courantes mesurent 21 x 29,7 cm. Ces dimensions sont en fait un « canon » (rapport de proportion entre plusieurs nombres) découvert par Léonard de Vinci. Il recèle une propriété extraordinaire : lorsqu'on plie une feuille de 21 x 29,7 en deux, la longueur devient la largeur et on obtient toujours la même proportion entre les deux. On peut continuer à plier comme ça autant de fois qu'on le voudra, la feuille de 21 x 29,7 : on conservera toujours ce même rapport. C'est la seule proportion à posséder cette propriété.

NOTES

lever 07 h 10
coucher 19 h 05, + 3

vendredi 16

Bénédicte
Clarisse à Saint-Damien, à Assise, elle succéda à sainte Claire, morte en 1260.

lever 07 h 08
coucher 19 h 06, + 3

samedi 17

Patrice
Patrick, confesseur, évêque missionnaire en Irlande, consacra sa vie à l'évangélisation de l'île. Il mourut en 461.

lever 07 h 06
coucher 19 h 07, + 3

dimanche 18

Cyrille
Cyrille de Jérusalem, né vers 315 à Jérusalem, est ordonné prêtre par saint Maxime en 345. Évêque de Jérusalem, docteur de l'Église, mort en 387.

• CITATION • À la saint Joseph beau temps, promesse de bon an.

HISTOIRE

Le PLM

À l'origine les voies ferrées étaient construites par des sociétés privées, en 1842 l'état participe au financement en devenant propriétaire du terrain sur lequel sont installées les voies.

Créée en avril 1857, la Compagnie des Chemins de fer de Paris à Lyon et à la Méditerranée (PLM), une des compagnies privées, desservait le sud-est de la France. Le PLM s'est constitué en absorbant plusieurs sociétés locales, en 1857 il ne subsistait plus que 2 compagnies entre Paris et Marseille : la compagnie du chemin de fer de Paris à Lyon (PL) et celle du chemin de fer de Lyon à la Méditerranée (LM). La ligne était interrompue à Lyon au niveau du franchissement du Rhône et de la Saône. La jonction des deux tronçons se fera par la presqu'île et le quartier de Perrache après d'âpres négociations avec les autorités locales. En 1863 le PLM ouvre la ligne Marseille – Vintimille, et deviendra la seule compagnie de chemin de fer du Sud-Est, axant sa publicité sur les départs en villégiature. Dès cette époque sa gare parisienne, la gare de Lyon, connaît une importante fréquentation, elle sera reconstruite pour l'Exposition universelle de 1900.

Le 1er janvier 1938 le PLM, comme tous les chemins de fer, est nationalisé et la SNCF est créée.

POUR TOUT SAVOIR

FÊTE DES FLEURS DE PLOMEUR (29)

Depuis le début des années 1980, fleurissent en baie d'Audierne des fleurs de jacinthes et de tulipes faisant éclater leurs couleurs sur les terres de la Palue auparavant abandonnées. Dès la mi-mars et tout le mois d'avril, la fête des fleurs est l'occasion d'une sculpture de jacinthes, d'expositions florales, une mosaïque de couleurs qui attire de nombreux visiteurs.

Plus d'informations : www.plomeur.com

LE SAVIEZ-VOUS ?

LE PRINTEMPS

Le printemps (du latin primus, « premier », et tempus, « temps ») est une saison qui marque le renouveau dans la nature. Dans l'hémisphère Nord, elle correspond aux mois de mars, avril et mai. Elle se caractérise par un radoucissement du temps, la fonte des neiges, le bourgeonnement et la floraison des plantes, le réveil des animaux hibernants et le retour de certains animaux migrateurs.

Du point de vue astronomique, le printemps s'étend du 7 février au 7 mai, le 20 (l'équinoxe de printemps qui aura lieu à cette date jusqu'en 2044) marquant le milieu du printemps. Dans l'hémisphère Sud, cette période correspond à l'automne.

Du point de vue météorologique, le printemps est une demi-saison se situant entre la saison froide et la saison chaude.

Dans le calendrier civil français, le printemps commence conventionnellement le 20 ou 21 mars, bien que cela ne corresponde ni au printemps astronomique, ni au printemps météorologique. En effet, le mois de mars dans son ensemble est en moyenne non seulement plus doux que les mois de décembre, janvier et février, mais également que celui de novembre. Mars est un mois typiquement printanier.

lever 07 h 04
coucher 19 h 09, + 3

lundi 19

Joseph
Époux de la Vierge Marie (Ier siècle).

lever 07 h 02
coucher 19 h 10, + 3

mardi 20

Herbert
Ermite au milieu du lac de Derwentwater, en Angleterre, mort en 687.

lever 07 h 00
coucher 19 h 12, + 3

mercredi 21

Clémence
Religieuse à l'abbaye bénédictine de Trèves, en Rhénanie. Elle y mourut en 1176.

lever 06 h 58
coucher 19 h 13, + 3

jeudi 22

Léa
Dame romaine, disciple de saint Jérôme, morte en 384.

• CITATION • C'est en mars que le printemps chante, et que le rhumatisme augmente.

NATURE

Caoutchouc, chewing-gum et pissenlit…

Nous avons tous remarqué, en cassant la tige d'un pissenlit, qu'il s'écoulait une sorte de jus laiteux… On constate la même chose avec certains champignons comme les lactaires délicieux – la couleur est alors plutôt jaune foncé –, ou encore en entaillant l'écorce de certains arbres. On appelle cette substance un « latex », qui signifie « suc laiteux », et qui a pour propriété de coaguler en prenant une consistance caoutchouteuse.

De nombreuses espèces végétales ont cette propriété. Outre le pissenlit il y a aussi certaines laitues et chicorées, la chélidoine qui n'est autre que l'herbe à verrue, les pavots, les figuiers et les ficus, et bien sûr l'hévéa à l'origine du caoutchouc. De fait, l'homme a su très tôt tirer profit des latex pour en préparer des matériaux qui lui seraient utiles. Les Indiens de l'Amérique précolombienne ont probablement été les premiers à découvrir le caoutchouc et ses propriétés et à en fabriquer des objets, bien avant l'arrivée des Espagnols. Ce n'est qu'au XIXe siècle que des scientifiques du Vieux Monde ont fait progresser la fabrication. Une étape décisive a eu lieu en 1842 avec l'invention de la vulcanisation par Charles Goodyear, procédé qui permet au caoutchouc de résister aux écarts de température. L'industrie du caoutchouc s'est développée avec la fabrication de nombreux produits tels que tissus, bottes, balles et autres jouets, et bien sûr les pneus d'abord pleins puis remplis d'air, sans parler des préservatifs. Si le caoutchouc tiré de l'hévéa est le principal latex exploité, il faut en citer d'autres qui ont leur importance. La gutta-percha issue d'un arbre nommé Palaquium gutta est une gomme qui a pour principale qualité d'être un très bon isolant électrique. Quant au sapotillier, le latex de cet arbre sert à produire une gomme qu'on appelle chicle, et qui est la matière première d'origine du chewing-gum.

Reste le cas du pissenlit… Après de nombreux essais infructueux car son latex coagule trop vite, il semble que des chercheurs aient mis au point un pissenlit transgénique qui permettrait de l'exploiter efficacement pour en produire du caoutchouc. N'est-ce pas là un paradoxe suprême, alors que de nombreux produits chimiques de synthèse ont aujourd'hui remplacé partiellement ou totalement les caoutchoucs naturels !

lever 06 h 56
coucher 19 h 14, + 3

vendredi 23

Victorien
Gouverneur de Carthage, martyre en Tunisie vers 484 avec quatre compagnons.

lever 06 h 54
coucher 19 h 16, + 3

samedi 24

Catherine de Suède
Fille de sainte Brigitte, moniale à Vadstena, morte en 1381.

lever 06 h 52
coucher 19 h 17, + 3

dimanche 25

Humbert
Moine de l'abbaye de Laon, dans l'Aisne, puis de l'abbaye de Maroilles, mort en 680.

Semaine 12

***mars* 2018**

MOTS FLÉCHÉS

ŒUVRA AU CHÂTEAU DE LANGEAIS / FÛT PROPRIO DE GOULAINE		PLANTE IRRITANTE / ANONYME		AVANCE / LE BROME AU LABO		SACCHAROSE		SYMBOLE DU BECQUEREL / ATLAS	
1									3
TANIÈRE / CONTRE					7	CELA / ESQUIVE			NOM D'UNE TOUR D'UNE CHÂTEAU DE GOULAINE
				PROPRIO DE CHENONCEAU EN 1891 / PAYAI					
ÊTRE GRAND OUVERT / RÉCIPIENT					REFUS / RAPPORT				
			MÈCHE REBELLE / ASSISTA	2			ARTICLE DE CORDOUE / MOUSSE ANGLAISE		
COURSE DE MOTOS	4	SECOUA / PLANTE À BULBE						PÉRIODES	
					ENVOL / L'ÉTAIN PLUS COURT		6		
PLISSAS / PRIEURÉ DE ST-CHINON						FIN ANGLAISE			
					8		PRONOM RÉFLÉCHI		5

1	2	3	4	5	6	7	8

Directrice du château du Plessis-Bourré.

lever 07 h 50
coucher 20 h 18, + 3

lundi 26

Larissa
Martyre en Crimée vers 375.

lever 07 h 48
coucher 20 h 20, + 3

mardi 27

Habib
Martyr à Édesse, en Osroène (Turquie), en 306, avec saint Samonas et saint Gurias.

lever 07 h 46
coucher 20 h 21, + 3

mercredi 28

Gontran
Roi de Bourgogne, mort en 592.

lever 07 h 44
coucher 20 h 22, + 3

jeudi 29

Gwladys
Reine galloise du Ve siècle. Se fit ermite à la mort de son mari pour expier sa vie aventureuse.

MOTS CROISÉS

HORIZONTALEMENT **1** Il a écrit plusieurs ouvrages sur le château d'Angers. **2** Pronom interrogatif. Fécule alimentaire. **3** Rivière du Congo. Fin de journée. **4** Bac. **5** Démon. Perroquet. **6** Travaux dirigés. Poisson. Club rhodanien. **7** D'Anjou, on en trouve beaucoup dans la cave du château de Brissac. Levant. **8** Longue période. Alarme. **9** La sienne. Propriétaire en 1636 du château de Serrant.

VERTICALEMENT **1** Fête au château du Rivau « Les joutes... ». **2** Dévêtue. Aima. **3** Veste. Pronom réfléchi. **4** Élargit. **5** Existes. Institut de l'audiovisuel. Symbole de l'exaampère. **6** Femelle du lièvre. Repassé. **7** Lieu de rassemblement dans la Grèce Antique. Manche au tennis. **8** Monarque. Cuire. **9** Château de la Loire. Bouquiné.

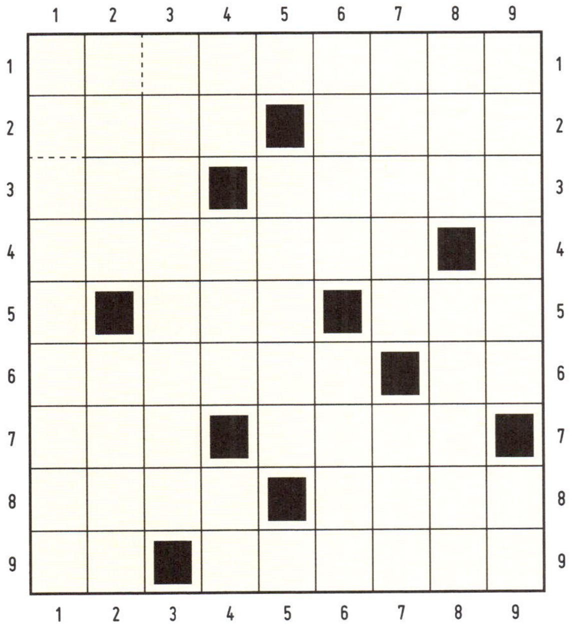

HORIZONTALEMENT **1** Le musée du château de Brissac y abrite ses œuvres. **2** Prince arabe. Haut bâtiment. **3** Installas. Haute autorité religieuse au Japon. **4** Alcaloïde toxique. **5** Monnaie bulgare. Sou du Japon. **6** Répétât. Le méitnérium au labo. **7** Bus. Certaine. **8** Téhéran en est la capitale. Ensemble. **9** La sienne. Elle habita le château de Chenonceau au XVIe siècle «... de Lorraine ».

VERTICALEMENT **1** Elle a fait agrandir le château de Chenonceau « Catherine... ». **2** Publiés. Pesa. **3** Taillera. **4** Symbole de l'argon. Métro parisien. Nouvelle lune. **5** Cantatrices. **6** Union de pays. Habit de danseuse. **7** Plonges. Sa chambre est à voir au château de Montpoupon. **8** Coriace. Oiseaux coureurs australiens. **9** Nom d'un sublime jardin au château d'Amboise. Pronom réfléchi.

Avril 2018

« En avril, ne te découvre pas d'un fil… » Le quatrième mois du calendrier est pourtant celui de l'amour, des plaisirs et de la beauté, puisque son nom latin, *aprilis*, qui signifie « ouvrir », rend hommage à la déesse Aphrodite. Mois de la légèreté qui s'ouvre, dans chaque région de France mais aussi dans de nombreux pays, par le « jour des Fous », de tradition païenne, où circulent blagues et canulars, notamment dans la presse, et poissons d'avril dans le dos des personnes à qui l'on veut jouer un tour.

Agenda

Les festivals :

Festival Panoramas de Morlaix (29)
Musique

Printemps de Châteauneuf (29)
Témoin de l'engouement pour la culture bretonne, le Printemps de Châteauneuf est un festival de danses et musiques qui a lieu le dimanche de Pâques.

Festival Mythos (35)
Tous les ans depuis 1996, le festival Mythos célèbre la parole sous toutes ses formes : théâtre, récit, conte, musique, à Rennes.

L'ère de rien (44)
Festival de musique plein air, L'ère de rien se déroule en avril à Rezé, aux portes de Nantes.

Complet'mandingue (22)
Musique, Saint-Brieuc, avec des airs de rock, de reggae, de soul, de musique afro, mais aussi du cinéma, des spectacles, des stages…

Bain de Blues (35)
Concerts gratuits à Bain-de-Bretagne.

Les marchés d'Ille-et-Vilaine (suite) :

La Guerche-de-Bretagne : marché hebdomadaire, mardi matin

La Richardais : marché hebdomadaire, jeudi matin

Laillé : marché bihebdomadaire, mercredi matin et samedi matin, de 9 heures à 12 heures, place de la Mairie

Lassy : marché hebdomadaire, vendredi de 16 h 30 à 19 heures, place Saint-Martin

Le Pertre : marché hebdomadaire, mercredi matin de 9 heures à 12 heures

Le Verger : marché hebdomadaire, samedi matin, place de l'Église

Liffré : marché bihebdomadaire, vendredi matin, dimanche matin, rue de Fougères

Louvigné-du-Désert : marché hebdomadaire, vendredi matin

Martigné-Ferchaud : marché hebdomadaire, vendredi matin

Maure-de-Bretagne : marché hebdomadaire, dimanche matin

Melesse : marché hebdomadaire, jeudi matin

Mignac-Morvan : marché hebdomadaire, vendredi matin

Montauban-de-Bretagne : marché hebdomadaire, mercredi matin

Montgermont : marché hebdomadaire, jeudi après-midi de 16 heures à 19 h 30, place Jane-Beusnel

Montfort-sur-Meu : marché bihebdomadaire, vendredi matin et samedi matin, place des Douves

Montreuil-le-Gast : marché hebdomadaire, dimanche matin

Montreuil-sur-Ille : marché hebdomadaire, mardi après-midi

Mordelles : marché hebdomadaire, mardi matin
Nouvoitou : marché hebdomadaire, vendredi après-midi

Noyal-sur-Vilaine : marché hebdomadaire, mardi matin et dimanche matin

Pacé : marché hebdomadaire, mercredi matin

Pancé : 1er jeudi du mois, d'avril à octobre, place de l'Église
Paramé : marché hebdomadaire, samedi matin

Pipriac : marché hebdomadaire, mardi matin, place de Verdun

Pleine-Fougères : marché hebdomadaire, mardi matin

Pléchâtel : marché hebdomadaire, mardi matin de 9 heures à 12 heures, place de l'Église

Pléguer : marché hebdomadaire, mercredi matin

Plélan-le-Grand : marché hebdomadaire, dimanche matin

Pleugueneuc : du 15 mai à septembre, dimanche matin, château de la Motte-Beaumanoir

Pleurtuit : marché hebdomadaire, vendredi matin

Mes Notes

NATURE

Les échassiers

Le Suédois Carl von Linné (1707-1778) est sans doute l'un des plus grands naturalistes de l'histoire, il est le fondateur du système moderne de nomenclature des espèces végétales et animales. Pourtant, ses classifications ont évolué depuis ses travaux… C'est ainsi que le groupe des échassiers a disparu. Linné l'avait identifié sur la forme du bec et des pattes de ces oiseaux, et ça reste bien pratique. D'autant plus que les échassiers, avec leurs longues pattes, sont des oiseaux faciles à observer dans les milieux aquatiques où ils vivent. Cigognes, grues ou flamants roses, la plupart sont migrateurs.

NATURE

LE HIBOU GRAND-DUC

Avec ses 70 cm de haut, le hibou grand-duc est le plus grand des rapaces nocturnes d'Europe : il fait le double de son congénère le hibou moyen-duc. Qualifiée d'aristocratique, sa silhouette est massive, sa tête, piquée de deux gros yeux rouge orangé est surmontée d'aigrettes de 8 cm environ (normalement horizontales et un peu repliées vers l'arrière), que l'oiseau dresse verticalement s'il est excité ou dérangé, mais qui ne jouent aucun rôle dans l'audition.

En France, on le trouve dans les zones rocheuses de l'Est, du Centre et du Sud. On le rencontre aussi bien dans les plaines que dans les montagnes. Il apprécie particulièrement les falaises, près des plans d'eau. Très discret, il s'installe de préférence sur des corniches rocheuses, sur les remparts d'un vieux château ou à même le sol.

Il a longtemps été pourchassé comme oiseau de malheur ou parce que l'on croyait se protéger en le clouant sur les portes de granges. Et puis, on s'est aperçu de sa grande utilité écologique et agronomique qui fait qu'il est désormais protégé par la loi.

Les causes de sa disparition sont le recul, la dégradation ou la fragmentation écologique de son habitat, les pesticides agricoles, les poisons utilisés contre les rongeurs, mais aussi les accidents dus aux véhicules, car il est très sensible à l'éblouissement des phares de voitures.

NOTES

lever 07 h 39
coucher 20 h 27, + 3

dimanche 1er

Pâques

lever 07 h 37
coucher 20 h 28, + 3

lundi 2

Lundi de Pâques

lever 07 h 35
coucher 20 h 29, + 3

mardi 3

Richard
Chancelier de l'université d'Oxford, évêque de Chichester, mort en 1253.

lever 07 h 33
coucher 20 h 31, + 3

mercredi 4

Isidore
Isidore de Séville, docteur de l'Église, évêque et confesseur, mort en 636. Frère des saints Léandre, Florentine et Fulgence.

lever 07 h 31
coucher 20 h 32, + 3

jeudi 5

Irène
Martyre à Thessalonique en 304, avec ses sœurs Agapé et Chiona.

• CITATION • Mars gris, avril pluvieux, font l'an fertile et plantureux.

TRADITION

Poisson d'avril

Comme beaucoup de traditions anciennes, l'origine du poisson d'avril est controversée. Cependant, l'hypothèse la plus courante la fait naître au XVIe siècle. En 1564, le roi Charles IX a décidé que l'année ne commencerait plus le 1er avril, mais le 1er janvier. Un changement qui a également décalé les échanges de cadeaux et d'étrennes qui marquaient le passage à la nouvelle année. Pour entretenir le doute sur la date réelle du Nouvel An, certains ont persisté à offrir des présents souvent alimentaires (fréquemment du poisson) début avril, fin du carême, période pendant laquelle la consommation de la viande était interdite. Des plaisantins ont eu comme idée de faire des farces aux pêcheurs en jetant des harengs dans la rivière. En faisant cela, peut-être s'écriaient-ils : « Poisson d'avril ! » Avec le temps, les petits cadeaux d'avril se sont transformés en cadeaux pour rire, en blagues, puis en stratagèmes pour piéger les autres. L'un des pièges les plus courants était l'offrande de faux poissons. Aujourd'hui, il s'agit d'en accrocher un en papier ou en carton dans le dos d'une personne sans qu'elle s'en aperçoive.

Quelques canulars célèbres à l'occasion du 1er avril :

1992 : Une radio publique nationale américaine annonce que Richard Nixon est candidat à l'élection présidentielle. Son slogan de campagne : « Je n'ai rien fait de mal, je ne recommencerai pas. »

1999 : La radio BBC4 affirme à ses auditeurs que l'hymne national anglais God save the Queen va être prochainement remplacé par un chant européen en allemand. Scandalisés, des milliers d'auditeurs appellent l'antenne.

2000 : Le quotidien sportif portugais A bola publie un article selon lequel l'UEFA a décidé de retirer l'organisation de l'Euro 2004 au Portugal. Un véritable traumatisme pour certains lecteurs…

2002 : Le site Internet canadien Bourque Newswatch annonce le départ du ministre des Finances, Paul Martin. Reprise par le bulletin financier britannique The Gartman Letter, la nouvelle aurait fait perdre 32 cents au dollar canadien.

Quelques poissons d'avril français de 2011 :

Le journal Nord-Littoral a signalé la présence d'un requin-taupe dans un plan d'eau à écluse débouchant sur le port de Calais.

Pas rancunière, la coopérative agricole des Fermiers de Loué (Sarthe) a annoncé que le renard de Loué, qui se nourrit de ses poulets, serait le premier à bénéficier du Label Rouge.

Quant aux quotidiens Le Populaire du Centre et La Montagne, ils affirment que la plus importante centrale de méthanisation alimentée par la bouse de vache pourrait naître en Limousin, une alternative au nucléaire qui aurait déjà un parrain célèbre : Jamel Debbouze.

Quant à la responsable écologiste Cécile Duflot, née un 1er avril, elle ne s'est pas laissé piéger sur RMC par un Jean-Jacques Bourdin lui annonçant que Nicolas Hulot ne serait pas candidat à la présidentielle : « Je la connais la date, on me la fait tous les ans ! »

Le site d'information Rue89 affirme que Carla Bruni-Sarkozy a chanté « N'y retourne pas » lors d'une soirée privée, pour dire à son président d'époux qu'elle ne souhaitait pas voir son bail à l'Élysée prolongé.

JUSTE POUR RIRE

Mozart : célèbre compositeur que l'on écoute le plus souvent dans les pizzerias car on sent bien que mozzarella.

ÉNIGME

LES CHAUSSETTES

Dans le tiroir de la commode, il y a 5 paires de chaussettes noires, 4 paires de chaussettes rouges et 3 paires de chaussettes blanches. Il fait noir dans la pièce. Très attentionné, le mari n'éclaire pas pour ne pas réveiller sa femme.
Combien de chaussettes doit-il prendre au minimum afin d'être certain de posséder une paire de deux chaussettes de la même couleur ?

Réponse : Comme il y a trois couleurs différentes, en prenant 4 chaussettes il y en aura obligatoirement deux de la même couleur.

LE SAVIEZ-VOUS ?

La totalité des hommes de l'île de Sein dans le Finistère se sont engagés aux côtés du général de Gaulle et l'ont rejoint en Angleterre en juillet 1940. De ce fait, elle a été nommée parmi les cinq communes françaises ayant été faites « compagnons de la Libération ».

lever 07 h 29
coucher 20 h 33, + 3

vendredi 6

Marcellin
Marcellin de Carthage, tribun, légat de l'empereur Honorius, ami de saint Augustin et de saint Jérôme, martyr en 413.

lever 07 h 27
coucher 20 h 35, + 3

samedi 7

Jean-Baptiste de La Salle
Fondateur des Frères des Écoles chrétiennes, mort à Rouen en 1719.

lever 07 h 25
coucher 20 h 36, + 3

dimanche 8

Julie
Julie Billiart, fondatrice à Namur, en Belgique, de l'institut des Sœurs de Notre-Dame, morte en 1816.

Semaine 14

avril 2018

· CITATION · S'il gèle à la saint Stanislas, on aura deux jours de glace.

HISTOIRE

Une tragédie maritime

Avec environ 1500 victimes, le naufrage du Titanic fut l'une des plus grandes catastrophes maritimes de l'histoire. Et le fait que ce soit arrivé lors de son voyage inaugural amplifie la dramaturgie de l'événement.

Construit de 1909 à 1912 pour une compagnie transatlantique britannique, le Titanic était alors le plus luxueux et le plus grand paquebot de tous les temps avec ses 269 mètres de long, ses 28 mètres de large et 53 mètres de haut. Sa coque constituée de compartiments étanches lui avait valu la réputation d'un navire très sûr.

Parti le 10 avril 1912 de Southampton en Angleterre, en direction de New York, le Titanic avait à son bord 1324 passagers et 889 membres d'équipage. La traversée se déroulait normalement, lorsque, dans la nuit du 14 au 15 avril, au large de Terre-Neuve, le paquebot heurte un iceberg… et coule en moins de trois heures. Seulement un tiers des personnes qu'il transportait sera sauvé. L'épave ne sera retrouvée qu'en septembre 1985 par 3843 mètres de profondeur. Beaucoup d'objets ont pu être récupérés et exposés au public. Sorti en 1997, le film Titanic a obtenu un succès planétaire, décrochant 11 Oscars en 1998.

lever 07 h 23
coucher 20 h 37, + 3

lundi 9

Gautier
Confesseur, abbé de Saint-Martin de Pontoise, mort en 1099.

lever 07 h 21
coucher 20 h 39, + 3

mardi 10

Fulbert
Confesseur, évêque de Chartres, mort en 1028.

lever 07 h 19
coucher 20 h 40, + 3

mercredi 11

Stanislas
Stanisław Szczepanowski, évêque de Cracovie assassiné en 1079 par le roi Boleslas, à qui il avait reproché ses débauches.

lever 07 h 17
coucher 20 h 41, + 3

jeudi 12

Jules
Jules Ier, 35e pape de 337 à 352.

• CITATION • Quand à saint Paterne arrive la saison, la chaleur vient pour de bon.

CONSEIL DU JARDINIER

LES PLANTS

Semer les tomates sous serre. Les plants seront rempotés dans le courant du mois d'avril et la plantation en pleine terre aura lieu à la mi-mai.
Repiquer des jeunes plants d'artichauts et les plants de pommes de terre (en forcer une partie sous un tunnel en plastique pour consommer plus tôt des pommes de terre nouvelles).
Semer des laitues de printemps et d'été (batavias pommées et à couper), des betteraves rouges, des choux, des navets, des carottes, des choux et des poireaux d'automne, des chicorées endives, des haricots, des navets, des radis de printemps, des cornichons.
Au pied des jeunes arbres (de moins de 3 ans) reformer la cuvette d'arrosage et pailler.
Mettre en place des filets de protection sur les arbres (cerisiers) et les arbustes (framboisiers et groseilliers) à petits fruits contre les merles et les étourneaux, en veillant à choisir une maille adaptée pour que les petits oiseaux comme les rouges-gorges et les mésanges n'y restent pas accrochés.
Les pieds de fraisiers sont à renouveler tous les trois à quatre ans, il est temps de planter de nouveaux plants si le renouvellement n'a pas été fait en septembre à partir des stolons.
Mettre en place les bulbes d'été.

LE SAVIEZ-VOUS ?

SPI OUEST-FRANCE DE LA TRINITÉ-SUR-MER (MORBIHAN)

Pâques est un régal pour les amateurs de régates de voiliers.
Le Spi Ouest-France rassemble chaque année les plus grands skippers d'Europe. « Des vieux loups de mer lassés de la course en solitaire et heureux de goûter aux joies de la promiscuité : 400 voiliers sont en effet au coque à coque sur la ligne de départ. Terrain de chasse des barons, la régate organisée en baie de Quiberon s'ouvre malgré tout à la classe biberon et aux monocoques de série. En avril ne vous découvrez pas d'un fil, donc, mais filez à la Trinité-sur-Mer. Le Spi Ouest-France nous y réserve immanquablement depuis 1978 une édition très spéciale. »
Spi Ouest-France
Môle Éric-Tabarly
56470 La Trinité-sur-Mer
Tél. : 02 97 55 73 48
Plus d'informations : www.spi-ouestfrance.com

À NE PAS MANQUER

PRINTEMPS DE CHÂTEAUNEUF-DU-FAOU (FINISTÈRE)

Le dimanche de Pâques, le Printemps de Châteauneuf célèbre la culture bretonne. Avec près de 80 danseurs, chanteurs et sonneurs venus de Bretagne et d'ailleurs, la programmation est assez diversifiée pour alterner des artistes connus et en devenir. « Vitrine vivante » de la culture bretonne dans son ensemble, ce Printemps est un des premiers fest noz de l'année, à ne pas manquer.
Pour tout renseignement : Printemps de Châteauneuf-du-Faou
Tél. : 02 98 21 97 57
Plus d'informations : www.printemps-de-chateauneuf.org

lever 07 h 16
coucher 20 h 43, + 3

vendredi 13

Ida
Ida de Louvain, femme du comte de Boulogne, morte en 1113. Mère de Godefroy de Bouillon et de Baudoin, les chefs de la première croisade.

lever 07 h 14
coucher 20 h 44, + 3

samedi 14

Maxime
Martyr à Rome en 260, avec Tiburce et Valérien.

lever 07 h 12
coucher 20 h 46, + 3

dimanche 15

Paterne
Évêque de Vannes au Ve siècle.

Semaine 15

avril 2018

· CITATION · Si la pluie d'avril vaut son pesant d'or, quand le tonnerre va, c'est un trésor.

Conseil du jardinier

Repiquer

Repiquer : les choux pommés, les pommes de terre et mettre en place les pieds de tomates, d'aubergines, de piments, de poivrons, de courgettes et de citrouilles.

Au moment du repiquage, enterrer en oblique et jusqu'au collet les plants de choux et de tomates pour favoriser la formation de racines secondaires le long de la plante.
Pour les plants de tomates : faire un trou généreux, mettre du compost, une poignée d'engrais organique ou organo-minéral complet, des orties hachés qui fortifieront la plante et lui permettront de mieux lutter contre les maladies et mélanger un peu le tout avant de mettre en place le pied de tomate après avoir planté le tuteur où la tige sera attachée, sans trop serrer pour tenir compte de son développement. Arroser abondamment et pailler (tante sèche, paillettes de lin ou broyats végétaux).

Énigme

Mon premier est bête.
Mon deuxième est fait au passé.
Mon troisième est fait par le serpent.
Mon quatrième est exigible à l'entrée du bus.
Mon tout est synonyme de précieux et raffiné.

Solution : sophistiqué (sot fit sss ticket).

Le saviez-vous ?

Le monde des Liliputiens

Les Lilliputiens ne sont pas nés de l'esprit délirant de Jonathan Swift (1667-1745 ; écrivain satirique irlandais d'origine anglaise connu pour ses satires et ses pamphlets humoristiques ou plutôt ironiques, voire sarcastiques) : ils existent vraiment. On ne doit pas les confondre avec les nains ni avec les Pygmées. Les Lilliputiens ont les mêmes proportions qu'un être humain, mais à taille plus réduite. Celle-ci varie de 40 à 90 cm, leur poids de 5 à 15 kg. Ils ont été découverts à la fin du XIXe siècle en Europe centrale, dans la partie sauvage d'une forêt de Hongrie. Ils avaient jusqu'alors vécu en autarcie, loin des villes et de la civilisation. Une fois retrouvés, ils ont été pourchassés comme des monstres et ils ont entrepris de se disperser. Le premier à tenter de les rassembler fut Barnum, propriétaire d'un cirque portant son nom. Mais il n'en eut jamais plus de quatre à exhiber sous son chapiteau. En 1937, la France se lança dans une recherche mondiale systématique de Lilliputiens en vue de sa grande Exposition universelle de Paris en 1937. On parvint à en réunir soixante et on leur construisit un village avec maisons, fontaines et jardins à leur échelle. Actuellement on estime qu'environ huit cents Lilliputiens, en tout, sont disséminés sur la planète. Le plus souvent, ils servent d'attractions payantes dans les foires et les cirques. Les Japonais se sont aussi passionnés pour ces miniatures humaines et leur ont bâti un village nanti d'une école à leur taille pour les attirer. Ils y ont créé une troupe de théâtre dont les représentations connaissent un franc succès.

lever 07 h 10
coucher 20 h 47, + 3

lundi 16

Benoît-Joseph
Benoît-Joseph Labre, pèlerin, mendiant, mort en 1783.

lever 07 h 08
coucher 20 h 48, + 3

mardi 17

Anicet
Onzième pape de 155 à 166.

lever 07 h 06
coucher 20 h 50, + 3

mercredi 18

Parfait
Prêtre et martyr à Cordoue, en Andalousie, mort en 850.

lever 07 h 05
coucher 20 h 51, + 3

jeudi 19

Emma
Emma de Brême, une fois veuve, distribua tous ses biens aux pauvres de la ville. On lui attribue de nombreux miracles (XIe siècle).

• CITATION • À la saint Anselme, les dernières fleurs on sème.

RECETTE

Les gaufres

Ingrédients

- 250 g de farine
- 250 g de sucre
- 80 g de sucre glace
- 4 œufs
- 3/4 de litre de lait ou de crème
- Un peu de rhum pour parfumer

Fouetter vigoureusement le lait (ou la crème) avec les œufs.
Ajouter graduellement la farine et le sucre.
Ajouter un peu d'eau au besoin pour que la pâte ne soit pas trop épaisse.
Préchauffer le moule à gaufres.
Lorsqu'il est bien chaud, y verser une quantité suffisante de pâte puis refermer.
Faire cuire 2 minutes de chaque côté.
Au sortir du moule, saupoudrer les gaufres de sucre glace.

EXPRESSION

TOMBER DANS LE PANNEAU

Cette expression qui signifie se faire avoir, être piégé, se rapporte à la chasse. Pour un chasseur, un panneau est un filet tendu sur le passage du gibier. Sur le circuit emprunté par des oiseaux, ou du petit gibier (lapins, lièvres…), les chasseurs tendent un filet à l'aide de piquets. Lorsque le gibier convoité est arrêté par le filet, le filet retombe et emprisonne les animaux qui n'avaient rien repéré.

Ainsi, une personne qui tombe dans le panneau n'a pas vu le piège vers lequel on l'a adroitement menée. Souvent c'est une bonne blague mais parfois les conséquences sont plus importantes, à l'image du gibier pris au piège.

lever 07 h 03
coucher 20 h 52, + 3

vendredi 20

Odette
Pour éviter les prétendants attirés par sa beauté, elle se coupa le nez et entra chez les religieuses de Prémontré, à Rivreuilles, en Belgique. Elle mourut en 1158.

lever 07 h 01
coucher 20 h 54, + 3

samedi 21

Anselme
Archevêque de Cantorbéry, mort en 1109. Il fut conseiller de Guillaume le Conquérant. Opposé à l'esclavage, il fit voter une loi qui interdit la vente d'êtres humains.

lever 06 h 59
coucher 20 h 55, + 3

dimanche 22

Alexandre
Martyr à Lyon en 177.

Semaine 16

avril 2018

MOTS FLÉCHÉS

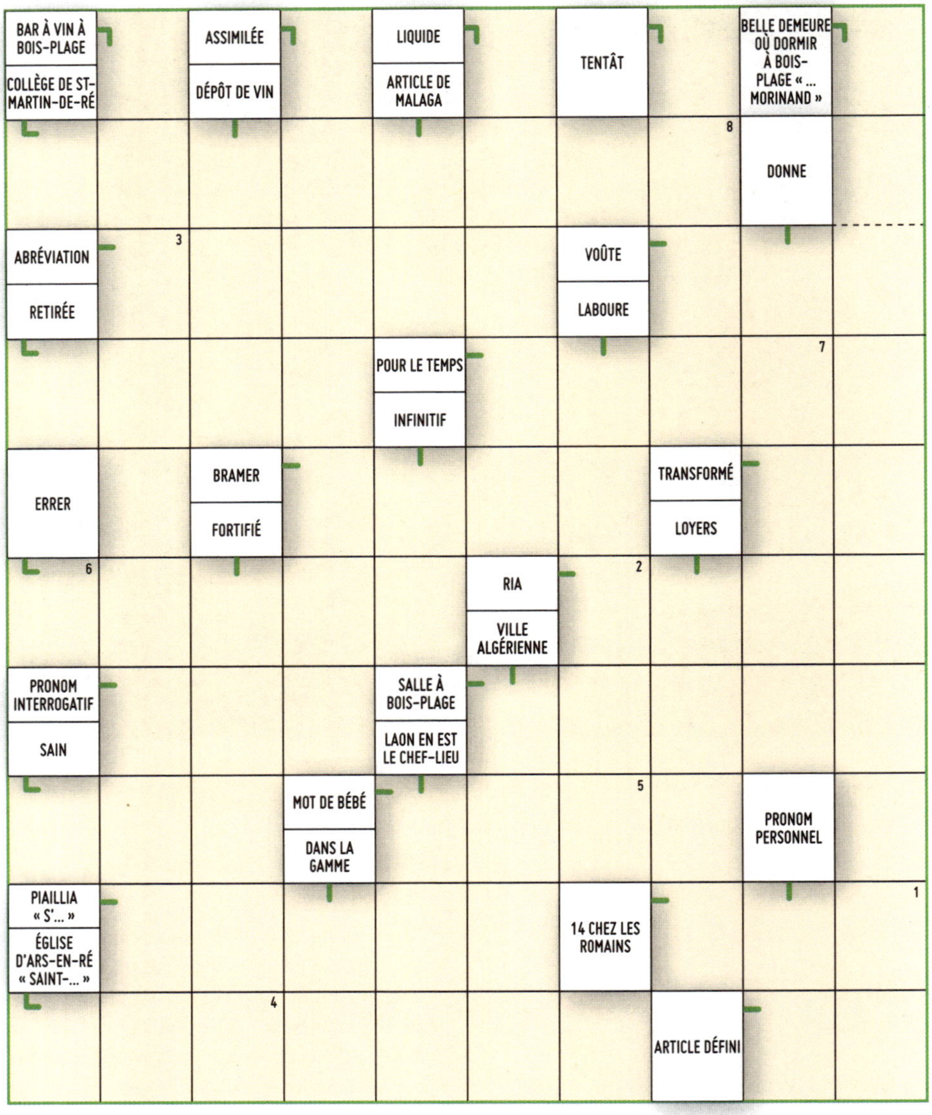

1	2	3	4	5	6	7	8

Le fier d'Ars les découvre à marée basse.

lever 06 h 58
coucher 20 h 56, + 3

lundi 23

Georges
Martyr en 304 en Palestine. Son histoire est en grande partie légendaire. Il est surtout connu pour avoir réussi à terrasser le dragon, symbole du Mal.

lever 06 h 56
coucher 20 h 58, + 3

mardi 24

Fidèle
Fidèle de Sigmaringen, capucin, prêtre et martyr en 1622.

lever 06 h 54
coucher 20 h 59, + 3

mercredi 25

Marc
Disciple de saint Pierre, il l'accompagna à Rome. Il est l'auteur du premier Évangile. Il aurait fondé l'Église d'Alexandrie. Martyr en 68.

lever 06 h 53
coucher 21 h 00, + 3

jeudi 26

Alida
Alde de Sienne, en Toscane. Tertiaire des Humiliés, morte en 1309.

À VOUS DE JOUER ! *À vous de jouer !* À VOUS DE JOUER !

MOTS CROISÉS

HORIZONTALEMENT **1** Plage de Ste-Marie-de-Ré. **2** Évreux en est le chef-lieu. Habitude. **3** Dépôt de vin. Irlande. **4** Poignées. Service obligatoire. **5** Équerre. Lavabo. Possède. **6** Chanteur français. **7** Cercle. Nom d'une maison à Portes-en-Ré. **8** Université. Commune italienne. **9** Résident à Ars-en-Ré. Obtenu.

VERTICALEMENT **1** Glacier apprécié à La Flotte « ...del mare ». **2** Décombres. Ancien nom pour Ur. **3** Longues périodes. Objectifs. **4** Bien arrivé. Fleuve espagnol. **5** Frère de Jacob. Pouffé. **6** Rangement. Donnes. **7** Salves. Bouquinés. **8** Coupa en haut. Réfute. **9** Pronom réfléchi. Il a une fête spéciale pour lui au fier d'Ars.

	1	2	3	4	5	6	7	8	9	
1										1
2					■					2
3				■					■	3
4						■				4
5			■				■			5
6		■						■		6
7					■					7
8				■						8
9							■			9
	1	2	3	4	5	6	7	8	9	

	1	2	3	4	5	6	7	8	9	
1										1
2					■					2
3			■				■			3
4						■				4
5				■						5
6		■						■		6
7					■				■	7
8						■				8
9			■							9
	1	2	3	4	5	6	7	8	9	

HORIZONTALEMENT **1** Écrivain auteur de « La séparation » propriétaire à Ars-en-Ré. **2** Lisière. Pouffera. **3** Union d'Europe. Part. Infinitif. **4** Protecteurs. Ville du Mali. **5** Préfixe de nouveauté. Recouvre la dent. **6** Tonneau. **7** Devanture. Super. **8** Coupes. Via. **9** Le seaborgium plus court. Hameau de Loix.

VERTICALEMENT **1** Leur chemin est connu à Rivedoux. **2** Endroit pour matador. Graffiti. **3** Éclos. Avalas. **4** Lézarde. Hasard. **5** Tenter. Pour l'antimoine. **6** Habileté. Installa. **7** Négation. Trotta. **8** Hurlai. Poissonnerie recommandé à La Flotte. **9** Batterie de guerre à Ars. Dans la gamme.

lever 06 h 51
coucher 21 h 02, + 3

vendredi 27

Zita
Servante à Lucques, morte en 1278.

lever 06 h 49
coucher 21 h 03, + 3

samedi 28

Valérie
Épouse de saint Vital et mère des saints Gervais et Protais. Martyre en 171.

lever 06 h 48
coucher 21 h 04, + 3

dimanche 29

Catherine de Sienne
Jésus lui apparut alors qu'elle n'avait que 6 ans. Conseillère des papes Grégoire XI et Urbain VI, elle aurait reçu les stigmates du Christ. Morte en 1380.

lever 06 h 46
coucher 21 h 06, + 3

lundi 30

Robert
Robert de Molesmes, avec saint Albéric et saint Étienne Harding, fonda l'ordre cistercien en 1098. Il mourut en 1110.

Mai 2018

Mai vient du latin *maius*, célébrant la déesse Maïa, l'aînée des Pléiades dans la mythologie grecque. Période des baptêmes et des communions, mai est un mois joyeux où l'on fête le travail (1er mai), l'armistice de 1945 (8 mai), la Vierge Marie (Ascension et Visitation), et où se forment les couples. On vénère pendant le mois de mai l'esprit de la végétation. Dans les pays de l'Est, il apparaît sous la forme d'un homme couvert de branchages, que l'on appelle le Feuillu. Des quêteurs d'œufs chantent et brandissent des rameaux d'aubépine. En Lorraine, ces quêtes se nomment « trimazos ».

Agenda

Les festivals du mois :

Festival Rock'n Solex (35)
Le festival étudiant à Rennes sur le campus de Beaulieu.

Algues au rythme (56)
Concerts de musique à Arradon.
Fête de la Bretagne Gouel Breizh
La Fête de la Bretagne (Gouel Breizh en breton) est une période de festivités qui existe depuis plus de quatre-vingts ans ! Intimement liée à Nantes, où elle est née, elle consiste aujourd'hui en plusieurs animations culturelles organisées en Bretagne. Elle se situe autour du jour de la fête de la Saint-Yves (le 19 mai).

Les Couchetards (44)
Musique à Saint-Joachim.

Étonnants voyageurs (35)
festival international du livre et du film à Saint-Malo.

Les marchés d'Ille-et-Vilaine (suite) :

Redon : marché trihebdomadaire, lundi, vendredi matin, samedi matin, les Halles

Rennes : marché quotidien, matin, Les Halles ; marchés hebdomadaires, lundi, esplanade autour des Halles, mardi matin, square Odette-Seveur, rue Jules-Lallemand, place d'Erlangen, mardi après-midi de 16 heures à 20 heures, place Eugène-Aulnette, mercredi matin, place du Souvenir, place Saint-Germain, mercredi de 12 heures à 18 heures, place de la Baudrairie, vendredi matin, Villejean, vendredi après-midi, Poterie, samedi matin, Isly/Landrel/Les Lices

Rétiers : marché hebdomadaire, samedi matin

Romillé : marché hebdomadaire, jeudi matin

Saint-Armel : marché hebdomadaire, mardi après-midi de 16 heures à 20 heures

Saint-Aubin-d'Aubigné : marché hebdomadaire, mardi matin

Saint-Aubin-du-Cormier : marché hebdomadaire, jeudi matin

Saint-Briac-sur-Mer : marchés hebdomadaires, vendredi matin juillet-août, lundi matin

Saint-Brice-en-Cogles : marché hebdomadaire, vendredi matin de 9 heures à 12 h 30, rue Pasteur marché mensuel, 2e dimanche matin du mois

Saint-Domineuc : marché hebdomadaire, samedi matin

Saint-Georges-de-Chesné : marché bihebdomadaire, jeudi matin et samedi matin

Saint-Grégoire : marché hebdomadaire, mercredi matin, place Gilles-Grallan

Saint-Lunaire : avril à septembre, dimanche matin

Saint-Malo : marchés hebdomadaires, lundi matin, jeudi matin et samedi matin à Rocabey, mardi matin et vendredi matin, intra-muros, Saint-Servan, mercredi matin et samedi matin, Paramé, dimanche matin, quartier de la Gare

Saint-Ouen-des-Alleux : marché hebdomadaire, mercredi matin

Sens-de-Bretagne : marché hebdomadaire, lundi après-midi

Servon-sur-Vilaine : marché hebdomadaire, dimanche matin

Thorigné-Fouillard : marché hebdomadaire, dimanche matin

Tinténiac : marché hebdomadaire, mercredi matin

Tremblay : marché hebdomadaire, vendredi matin

Vern-sur-Seiche : marché hebdomadaire, samedi matin, place des Droits-de-l'Homme

Vézin-le-Coquet : marché hebdomadaire, vendredi après-midi

Vitré : marché bihebdomadaire, lundi matin et samedi matin

Mes notes

• CITATION • Au premier mai, fleurit le bon muguet.

NATURE

Les Ophrys

Les ophrys sont un genre d'orchidées sauvages des prairies de nos terroirs. Elles ont l'extrême particularité d'avoir développé des relations privilégiées avec certains insectes pour se reproduire. C'est ainsi que leurs fleurs prennent la forme d'insectes pour ainsi les attirer, ceux-ci alors se chargent en pollen avant d'aller visiter une autre fleur… et la féconder. On dit même que certaines émettent des substances qui évoquent des phéromones sexuelles de la femelle insecte correspondante. Les ophrys portent souvent le nom des insectes qu'elles attirent : mouche (« muscifera »), araignée (« aranifera »), abeille (« apifera »), bourdon (« fuciflora »)…

LE SAVIEZ-VOUS ?

LE MUGUET

Un bouquet de muguet,
Deux bouquets de muguet,
Au guet ! Au guet !
Mes amis, il m'en souviendrait,
Chaque printemps au premier Mai.
Trois bouquets de muguet,
Gai ! Gai !
Au premier Mai,
Franc bouquet de muguet.

Robert Desnos (1900-1945)

RECETTE

PÂTE BRISÉE

INGRÉDIENTS

- 250 G DE FARINE
- 125 G DE BEURRE TEMPÉRÉ COUPÉ EN DÉS
- 1 JAUNE D'ŒUF
- 1 PINCÉE DE SEL
- 5 CL D'EAU

Sur un plan de travail propre, tamiser la farine, former un puits, y mettre le sel, le jaune d'œuf, puis le beurre coupé en dés. Bien mélanger à la main, incorporer l'eau glacée. La pâte doit être homogène, mais ne pas la pétrir trop longtemps. Envelopper d'un film étirable, la laisser se raffermir au moins une heure au réfrigérateur.

lever 06 h 44
coucher 21 h 07, + 3

mardi 1er

Fête du Travail

lever 06 h 43
coucher 21 h 08, + 3

mercredi 2

Boris
Boris de Bulgarie, prince, mort en 907.

lever 06 h 41
coucher 21 h 10, + 3

jeudi 3

Philippe, Jacques
Apôtres.

· CITATION · À la sainte Judith, beau temps se précipite.

PATRIMOINE

Moncontour (Monkontour)

À quelques kilomètres au sud de Saint-Brieuc, dans les Côtes-d'Armor, Moncontour, perché sur une colline, a conservé ses remparts des XIIIe et XIVe siècles. Issue tout droit du Moyen âge breton, la « cité de caractère » fut longtemps l'objet de convoitises territoriales et stratégiques du fait de sa position de défense de Lamballe, alors capitale du Penthièvre. Ici comme à Locronan, l'industrie de la toile à voile a enrichi la ville qui a conservé ses belles demeures bourgeoises des XVIe et XVIIIe siècles comme l'hôtel Clezieux et l'hôtel de Kerjégu. L'endroit se visite toute l'année et de nombreuses manifestations rythment la vie des habitants, notamment l'été avec une fête médiévale, un tournoi de chevalerie, des concerts, la fête de la pomme de terre et le Grand Pardon de la Saint-Mathurin qui se tient à la Pentecôte.

Office du tourisme du pays de Moncontour
4 place de la Carrière
25 510 Moncontour
Tél. : 02 96 73 49 57
Plus d'informations : www.tourisme-moncontour.com

lever 06 h 40
coucher 21 h 11, + 3

vendredi 4

Sylvain
Évêque de Gaza, condamné aux mines vers 304 avec 39 autres chrétiens, tous martyrs en 311.

lever 06 h 38
coucher 21 h 12, + 3

samedi 5

Judith
Femme de la noblesse de Thuringe, morte en 1260. Devenue veuve, elle légua tous ses biens à ses enfants et se retira comme ermite à Kulmsee, en Prusse.

lever 06 h 37
coucher 21 h 14, + 3

dimanche 6

Prudence
Religieuse augustine, morte en 1492.

Semaine 18

mai 2018

• CITATION • Chaleur au mois de mai, de tout l'an fait la beauté.

PATRIMOINE

Île de Groix

Située sur la côte Sud du Morbihan, au large de Lorient, l'île de Groix, c'est une petite Bretagne miniature. À peine 8 kilomètres de long pour 3 de large, son littoral est un mélange de criques déchiquetées par la mer, de rochers et de belles plages de sable fin. Ses richesses géologiques lui ont permis d'être classée « Natura 2000 » et d'ainsi faire partie d'un réseau européen d'espaces naturels protégés. Au début du XXe siècle, la principale activité de l'île était encore la pêche au thon qui faisait la fortune des armateurs et des capitaines. Mais l'arrivée du chalutage à vapeur et le monde moderne ont eu raison de cette économie qui a cependant profondément marqué l'histoire de Groix. Témoin de cette activité, ce n'est pas un coq qui orne le clocher de l'église de Port-Tudy mais bel et bien un thon. Autres richesses de l'île, la réserve ornithologique de la côte Ouest, le charmant petit port de Port-Lay, la plage des Grands Sables, etc. L'île possède ses richesses naturelles et ses richesses humaines; elle fut la terre de naissance du poète Jean-Pierre Calloc'h (1888-1917) qui a sa statue dans l'île et la terre d'accueil du chanteur Gilles Servat qui défend la culture bretonne dans son œuvre.

Office de tourisme
Port-Tudy
56590 Groix
Tél. : 02 97 86 53 08
Plus d'informations :
www.lorient-tourisme.fr/le-pays-de-lorient/commune.cfm/groix.html

lever 06 h 35
coucher 21 h 15, + 3

lundi 7

Gisèle
Épouse de saint Étienne de Hongrie, elle fut la première reine de ce pays. Elle mourut en 1060.

lever 06 h 34
coucher 21 h 16, + 3

mardi 8

Victoire de 1945

lever 06 h 33
coucher 21 h 17, + 3

mercredi 9

Pacôme
Pacôme le Grand, fondateur de nombreux monastères en Égypte et du cénobitisme chrétien, mort en 346.

lever 06 h 31
coucher 21 h 19, + 3

jeudi 10

Ascension

• CITATION • Brouillard de mai et chaleur de juin, amènent la moisson à point.

HISTOIRE

Jodl arrivant pour signer l'armistice

Commémoration du 8 mai 1945

Contrairement à ce qui est parfois dit, le 8 mai n'est pas la date anniversaire de l'armistice de 1945 qui aurait mis fin à la Seconde Guerre mondiale. En réalité, il s'agit de la capitulation allemande qui s'est déroulée sur trois jours, du 7 au 9 mai 1945.

À la différence de la Première Guerre mondiale de 1914-1918 qui s'est terminée par un armistice (une suspension des hostilités entre la France et l'Allemagne en attendant d'établir un traité de paix qui n'a d'ailleurs jamais été signé), la Seconde Guerre mondiale s'est terminée en Europe seulement par la capitulation allemande : l'Allemagne nazie cessait toute résistance et s'en remettait au bon vouloir des vainqueurs, en l'occurrence des Alliés.

Successeur d'Hitler qui s'était suicidé le 30 avril 1945, l'amiral Karl Dönitz a dépêché le général Alfred Jodl au quartier général des forces américaines basé en France, à Reims. Le 7 mai 1945 à 2 h 45 du matin, Jodl a signé l'acte de capitulation sans condition de l'Allemagne en présence du général américain Walter Bedell Smith, chef d'état-major du général Dwight Eisenhower, chef suprême des forces alliées, du général soviétique Ivan Sousloparov et du général français François Sevez. Chef d'état-major du général de Gaulle, ce dernier n'a en fait que contresigné le document en qualité de témoin. Ce document prévoyait la cessation des combats pour le 8 mai à 23 h 01 (le temps de diffuser l'ordre aux différentes unités). Or, au matin du 8 mai, les journalistes ont répandu la nouvelle, obligeant les chefs de gouvernements américain, anglais et français à l'annoncer officiellement à 15 heures. C'est ainsi que le 8 mai a été retenu comme date commémorative de la victoire des Alliés sur l'Allemagne nazie.

Mais la cérémonie de capitulation de Reims ne convenait pas à Staline qui souhaitait qu'elle fût signée à Berlin, capitale du IIIe Reich occupée par les Soviétiques. Une nouvelle réunion eut donc lieu dans la capitale allemande dévastée dans la nuit du 8 au 9 mai 1945 et se termina à 0 h 28 précisément. C'est ainsi que, de son côté, l'URSS (aujourd'hui la Russie) célèbre l'anniversaire de la capitulation allemande le 9 mai.

Si les opérations militaires avaient cessé en Europe, les combats se poursuivaient dans le Pacifique entre les États-Unis et le Japon. Ce sont les bombes américaines larguées sur Hiroshima et Nagasaki les 6 et 9 août 1945 qui obligèrent les Japonais à capituler à leur tour le 2 septembre 1945, mettant ainsi un terme à la Seconde Guerre mondiale.

lever 06 h 30
coucher 21 h 20, + 3

vendredi 11

Estelle

Estelle (ou Eustelle, ou Stella) est honorée à Saintes pour avoir été condamnée par son père à subir le martyre dans les arènes, au IIIe siècle.

lever 06 h 29
coucher 21 h 21, + 3

samedi 12

Achille

On fête Nérée et Achillée, frères, soldats et martyrs à Rome vers 304. Mais aussi Achille, évêque de Larissa, en Grèce, mort en 330.

lever 06 h 27
coucher 21 h 23, + 3

dimanche 13

Rolande

Rolende, fille de Didier, roi des Lombards. Elle s'échappa lors du voyage qui la menait à son prétendant. Elle mourut avant d'avoir pu rejoindre le monastère de Cologne.

Semaine 19

mai 2018

· CITATION · Saint Matthias casse la glace, s'il n'en trouve pas il faut qu'il en fasse.

POUR TOUT SAVOIR

Les lavoirs

Autrefois les grandes lessives ne se faisaient que deux fois par an, au printemps et à l'automne. Le lavage à la cendre, qui ne consommait que quelques seaux d'eau chaude, se faisait à la maison. Par contre le rinçage qui demande beaucoup d'eau claire se faisait au lavoir public ou directement dans la rivière.
Dans les grandes villes, le lavoir était un lieu de rencontre des « bugadières », c'est là que se transmettaient les vraies nouvelles et que s'amplifiaient les rumeurs. L'utilisation des lavoirs a été progressivement abandonnée au XXe siècle, aujourd'hui ils font l'objet de restauration au titre de la conservation du petit patrimoine et certains, comme celui de Lambesc, sont des monuments historiques.

DICTON

BEAU OU MAUVAIS TEMPS ?

Dans le Vaucluse on dit : « Au mois de mai Il faudrait qu'il ne plût jamais. » Alors que dans les Hautes-Alpes on dit : « Mai pluvieux, Rend le laboureur joyeux. » Ces deux proverbes sont contradictoires, au moins en apparence, en fait ils illustrent l'écart de développement de la végétation, très important à cette saison, entre le sud de la région et les Alpes. En mai, dans le Vaucluse les arbres sont en fleurs et la pluie n'est pas la bienvenue sur les fleurs des fruitiers alors que dans les Alpes la végétation démarre à peine et a besoin d'eau.

LE SAVIEZ-VOUS ?

AH ! LA BARBE

La barbe pousse sans arrêt chez les hommes, car elle est liée à leur activité hormonale. Elle a été portée longue, courte ou inexistante au fil des siècles et en fonction des modes du moment. Les sociétés ayant évolué et la science aussi, il est démontré que, lorsque le système pileux est abondant, il retient la sueur, la saleté et l'hygiène s'en retrouve affectée. De nos jours, par souci de propreté et aussi pour ne pas piquer, les hommes se rasent pour avoir une peau saine, douce, à l'aspect plus soigné.
Cependant, de nombreuses formes de barbes (barbiche, bouc, collier, rouflaquettes, de quelques jours…) sont portées, sans atteindre le record (2,33 m de longueur) de l'Indien sikh Sarwan Singh. On peut aussi ajouter les moustaches dont on compte jusqu'à une douzaine de variations : en pointe, à la hongroise, en brosse…

LE SAVIEZ-VOUS ?

Le ginkgo est aussi appelé l'« arbre aux quarante écus », ce surnom vient du fait que le botaniste français M. de Pétigny a acheté, en 1788, 5 plants de ginkgo à un botaniste anglais pour la somme considérable de 200 livres, soit 40 écus d'or.

lever 06 h 26
coucher 21 h 24, + 3

lundi 14

Matthias
Il fut choisi comme douzième apôtre en remplacement de Judas.

lever 06 h 25
coucher 21 h 25, + 2

mardi 15

Denise
À 16 ans, elle subit le martyre à Troas, en Turquie, en compagnie de Pierre, Paul, André et Dèce, en 251.

lever 06 h 24
coucher 21 h 26, + 2

mercredi 16

Honoré
Évêque d'Amiens, mort vers 600.

lever 06 h 22
coucher 21 h 27, + 2

jeudi 17

Pascal
Pascal Baylon, frère mineur en Espagne, mort en 1592.

· CITATION · À la saint Pascal, s'il fait beau l'été sera méridional.

RECETTE

Les galettes bretonnes

Pour la pâte à crêpes :

- 250 g de farine de sarrasin
- 1 pincée de sel
- 2 œufs
- 50 cl d'eau froide
- 40 g de beurre fondu
- Pour une garniture classique :
- 1 noix de beurre salé
- 1 œuf frit au plat
- 1 tranche de jambon blanc
- 100 g de fromage râpé (type emmental)

Mais aussi :

- 100 g de sauce Béchamel
- 100 g de champignons de Paris
- 100 g de viande hachée
- 1 saucisse
- Un morceau de Roquefort

Commencer par mélanger la farine de sarrasin avec le sel, les œufs, l'eau froide et le beurre fondu. Lorsque la pâte est bien homogène, la laisser reposer au moins 2 heures. Après ce temps de repos, faire cuire les crêpes dans une poêle antiadhérente ou dans une crêpière bretonne typique en les faisant aussi fines que possible.
Ajouter ensuite la garniture choisie, par exemple la sauce Béchamel avec les champignons et la viande hachée ou le roquefort, etc.
Pour la version classique, faire réchauffer la galette à la poêle dans un petit peu de beurre. Ajouter le jambon et l'emmental râpé. à part, faire frire un œuf puis le déposer sur le jambon. Lorsque le fromage est fondu, replier les bords de la galette et servir aussitôt, bien chaud, avec une salade verte en accompagnement.

NATURE

LE LANGAGE DES FLEURS

Acacia : Désir de plaire
Anémone : Persévérance
Aubépine : Soyez prudent
Azalée : Joie d'aimer
Bleuet : Amour timide
Bouton-d'or : Heureux d'aimer
Bruyère : Amour robuste
Camélia rouge : Je vous trouve la plus belle
Capucine : Indifférence
Chèvrefeuille : Liens d'amitié
Coquelicot : Ardeur fragile
Dahlia : Reconnaissance
Églantier : Amour
Fuchsia : Ardeur du cœur
Géranium : Sentiments d'amour
Giroflée : Constance
Glaïeul : Rendez-vous
Glycine : Tendresse
Hortensia : Caprice
Iris : Cœur tendre
Jacinthe : Joie du cœur
Lilas blanc : Aimons-nous
Lis : Pureté
Marguerite : Je ne vois que vous
Mimosa : Sécurité
Muguet : Coquetterie
Myosotis : Souvenir fidèle
Narcisse : Froideur
Œillet : Ardeur
Oranger : Fleur d'hymen
Orchidée : Ferveur
Pêcher : Bonheur défendu
Pensée : Pensée affectueuse
Pervenche : Mélancolie
Pivoine : Sincérité
Primevère : Premier amour
Rose : Amour
Tubéreuse : Désir
Tulipe : Déclaration d'amour
Violette : Amour caché

lever 06 h 21
coucher 21 h 29, + 2

vendredi 18

Éric
Roi de Suède, il mourut assassiné en 1160 dans un complot monté par des membres de la noblesse hostiles à la religion chrétienne.

lever 06 h 20
coucher 21 h 30, + 2

samedi 19

Yves
Yves Hélory de Kermartin, prêtre et juge en Bretagne, mort en 1303.

lever 06 h 19
coucher 21 h 31, + 2

dimanche 20

Pentecôte

• CITATION • Qui sème les haricots à la saint Didier, les récolte par poignées.

TRADITION

La fête des mères

La fête des Mères est une fête civile annuelle célébrée dans de nombreux pays par les enfants en l'honneur de leur maman. À cette occasion, ils lui offrent en cadeaux, des gâteaux ou des objets qu'ils ont confectionnés à l'école. Cette fête est également marquée par les adultes de tous âges pour honorer leur mère.

La date de la fête des Mères varie d'un pays à l'autre, mais la majorité d'entre eux ont choisi de la célébrer au mois de mai.
Les Grecs anciens fêtaient leur déesse Rhéa au printemps et pour les Romains, la fête des Matraliae (du latin « mater », « mère ») se situait en juin. Puis, au XVIe siècle les Anglais ont instauré un dimanche de fête des Mères.

En France, c'est en 1918 que la ville de Lyon célébra la journée des Mères en hommage aux mères et aux épouses qui avaient perdu leurs fils et leur mari pendant la Première Guerre mondiale. En 1920 fut instaurée une fête des Mères de familles nombreuses, puis le Gouvernement officialisa une journée des Mères en 1929.

En 1941, le régime de Vichy inscrivit la fête des Mères au calendrier, dans le cadre d'une politique nataliste.

Après guerre, la loi du 24 mai 1950 dispose que : « La République française rend officiellement hommage chaque année aux mères françaises au cours d'une journée consacrée à la célébration de la fête des Mères. » Elle en fixe la date au dernier dimanche de mai (sauf si cette date coïncide avec celle de la Pentecôte, auquel cas elle est repoussée au premier dimanche de juin).

La fête des Mères a été remise au goût du jour par le maréchal Pétain. L'idée de fêter les mamans n'est pas nouvelle puisqu'elle date de Napoléon. En 1806, l'Empereur avait en effet décidé d'honorer les mères françaises de familles nombreuses. La fête, baptisée « journée des mères », était devenue officielle en 1926. Chaque année, des « Médailles de la Famille française » étaient remises aux mères les plus méritantes. Peu populaire, la fête n'a jamais été très suivie, mais 1941 annonce un changement puisque le maréchal Pétain a donc repris à son compte l'idée d'une fête officielle. L'objectif : repeupler la France après cette guerre qui nous a pris un grand nombre de nos enfants et de nos jeunes adultes. Le principe : ce sont les enfants eux-mêmes qui fêteront désormais leur maman en leur offrant des petits cadeaux faits de leurs propres mains. Plus que jamais, la famille apparaît donc comme la base de la nation et la mère comme le pilier de cette famille.

RECETTE

LE GIBASSIER

Cousin de la pompe à huile, le gibassier est une galette fendue.

INGRÉDIENTS

- 500 G DE FARINE
- 150 G DE CASSONADE OU DE SUCRE
- 10 CL D'HUILE D'OLIVE
- 20 G DE LEVURE BOULANGERIE OU 1 SACHET DE LEVURE DE BOULANGER
- 4 CUILLERÉES D'EAU DE FLEUR D'ORANGER (OU 35 G D'ANIS VERT)

Mettre la levure dans un bol avec un peu d'eau tiède.
Dans un saladier mettre la farine, le sucre, le sel et l'eau de fleur d'oranger (ou l'anis).
Ajouter la levure.
Mélanger le tout.
Ajouter l'huile.
Malaxer, la pâte doit avoir la consistance d'une pâte brisée. La laisser reposer 2 ou 3 heures.
Aplatir la pâte, faire trois ou quatre incisions dans la galette.
Attendre 1/2 heure avant d'enfourner.
Faire cuire 20 à 30 minutes au four à 180°.

lever 06 h 18
coucher 21 h 32, + 2

lundi 21

Lundi de Pentecôte

lever 06 h 17
coucher 21 h 33, + 2

mardi 22

Émile
Martyr à Carthage vers 250.

lever 06 h 16
coucher 21 h 34, + 2

mercredi 23

Didier
Évêque de Vienne, assassiné sur ordre de la reine Brunehaut, vers 607.

lever 06 h 15
coucher 21 h 35, + 2

jeudi 24

Donatien
Donatien et Rogatien, frères et martyrs à Nantes vers 304.

• CITATION • Soleil à la saint Bérengère, présage d'un bel été et hiver.

PATRIMOINE

La Côte de Granit rose

Les côtes bretonnes

Le littoral breton a été renommé maintes fois. Ainsi, la Côte d'Émeraude (entre le cap Fréhel et Cancale) a été nommée par Eugène Herpin, en raison de la couleur rappelant le vert émeraude de la mer à certains moments.

On appelle Côte de Granit rose la zone côtière pittoresque de la Manche dans le Trégor des Côtes-d'Armor au nord de la Bretagne. Le granit qui y affleure possède en effet une dominante brune tirant sur le rose.

La Côte d'Amour désigne le secteur du littoral de Loire-Atlantique, entre le Traict de Pen Bé (sur la commune de Mesquer) et l'embouchure de Loire (sur la commune de Saint-Nazaire).

La Côte de Jade s'étend du pays de Retz en Loire-Atlantique au Marais breton. Ce sont des côtes découpées entrecoupées de nombreuses plages, avec un fort attrait touristique.

Quand à la Côte sauvage, il s'agit d'une appellation touristique de plusieurs sites du littoral allant des régions de Bretagne au Pays de la Loire et en Poitou-Charentes.

lever 06 h 14
coucher 21 h 37, + 2

vendredi 25

Sophie
Madeleine-Sophie Barat, fondatrice de l'institut des Sœurs du Sacré-Cœur, morte en 1865.

lever 06 h 13
coucher 21 h 38, + 2

samedi 26

Bérenger
Moine de Saint-Papoul, dans l'Aude, mort en 1093.

lever 06 h 13
coucher 21 h 39, + 2

dimanche 27

Augustin
Évêque de Cantorbéry, mort vers 604.

Semaine 21

mai 2018

MOTS FLÉCHÉS

PARTIE DU CHÂTEAU D'ANGERS | À SON TABLEAU À MONTRÉSOR | SANS SAVEUR | BIÈRE ANGLAISE | DIESEL | SYMBOLE DU PASCAL | GROS MANGEUR | NOMBRE DE PALIERS À BRISSAC | APPARAÎT

IMPRÉVUS | RETIRER | GENRE DE MUSIQUE | CRIA COMME UN MOUTON

ÉCOUTE | TARA

SOLUTION | SURVEILLE | PAPIER DE VERRE | ÉQUERRE | DÉPARTEMENT 27

PRONOM PERSONNEL | PAYS | DÉSAVANTAGEA

DIFFUSAS | SERINAI | SALLE DU CHÂTEAU D'ANGERS | POISSON

DÉSERT ROCHEUX | INFINITIF

ORGUE DU CHÂTEAU DE CANDÉ | DIEU SOLAIRE | SUR LA PORTÉE

CHAMPION

1	2	3	4	5	6	7	8

Fût propriétaire du château de Montrésor en 1849.

lever 06 h 12
coucher 21 h 40, + 2

lundi 28

Germain
Évêque de Paris, mort en 576.

lever 06 h 11
coucher 21 h 41, + 2

mardi 29

Aymar
Inquisiteur tué par les Albigeois en 1242.

lever 06 h 10
coucher 21 h 42, + 2

mercredi 30

Ferdinand
Ferdinand III le Saint, roi de Castille et de León, mort en 1252. Il conquit Cordoue et Séville, où les Maures étaient installés depuis cinq cents ans.

lever 06 h 10
coucher 21 h 42, + 2

jeudi 31

Visitation
La Vierge Marie, peu après l'Annonciation, rendit visite à sa cousine Élisabeth, elle aussi enceinte.

MOTS CROISÉS

HORIZONTALEMENT **1** Inerte. Écrivain qui séjournait fréquemment au château de Saché. **2** Surface agricole. Versa. **3** Il posséda le château de Serrant en 1749. Les tiens. **4** Couchas. Champion. **5** Sucer. **6** Enlever. Pas près. **7** Installes. Sélection. **8** Anonyme. Italien d'avant. **9** Ses tableaux sont exposés au château de Montgeoffroy. La sienne.

VERTICALEMENT **1** Dirigea récemment l'abbaye royal de Fontevraud. **2** Verbal. Antonio plus court. **3** Crèmes. **4** Mesurera le volume. **5** Acquisition. Pièce. **6** Saint de la Manche. Condiment. 1 500 chez les romains. **7** Mince. Éructa. **8** Imprévu. Plante. **9** Merveilleuse allée parfumée du château du Rivau.

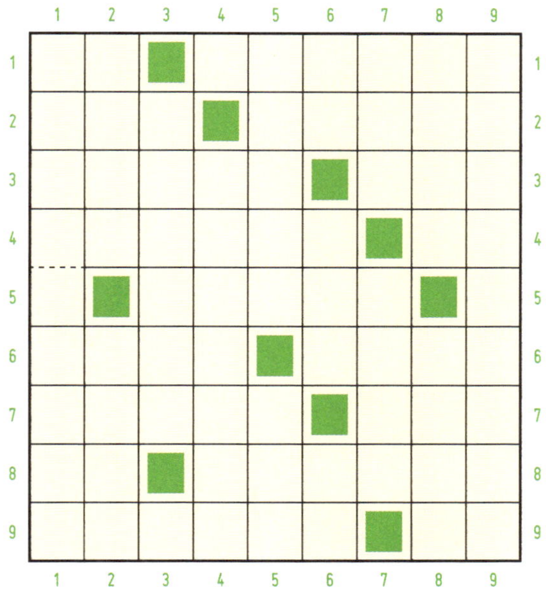

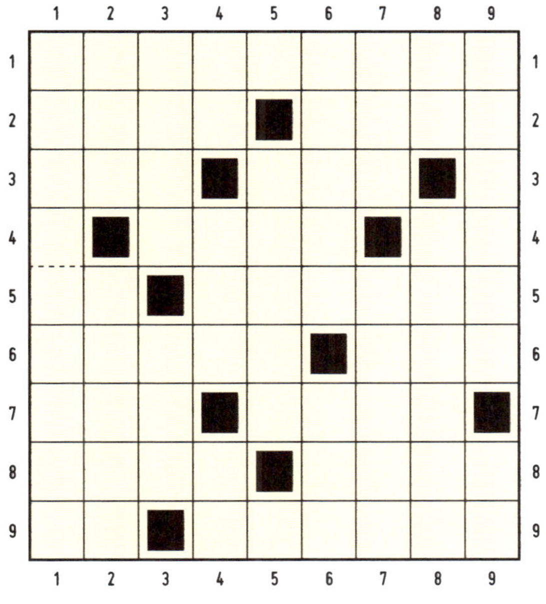

HORIZONTALEMENT **1** Il a démoli le château d'Angers en 1585. **2** Avoir le culot. Teinté de rose. **3** Sans bavure. Balle à rejouer. **4** Téhéran en est la capitale. Sous le mi. **5** Le rubidium plus court. Aiguiser. **6** Huilée. Mèche rebelle. **7** Assemblé. Rangé. **8** Froids. Greffe. **9** Infinitif. Le château de Loches y abrite « Le jardin de... ».

VERTICALEMENT **1** Nom d'une allée superbe au château de Brissac. **2** Érode. Bêcher. **3** Abomidable homme des neiges. Fleuve africain. **4** Le chrome au labo. Rongeur. Sapeur-pompier. **5** Partie de la chaussure. **6** Enceinte. Propriétaire du château de Montrésor. **7** Éructation. Organes filtreurs. **8** Cité sur la Tille. Serina. **9** Décorateur du château de Brézé. Désigne la période.

Juin 2018

Juin apporte l'été et, dans son sillage, bonheur et fertilité. Du latin *junius*, en hommage à Junon, déesse romaine du Mariage et de la Fécondité, juin célèbre de nombreuses unions. Mois de soleil, d'abondance au potager et au verger, mois des fraises et des cerises, des journées nationales « Rendez-vous aux jardins » un peu partout en France, juin célèbre l'arrivée de l'été. Du 1er au 21, les jours continuent de rallonger et, depuis des siècles, les hommes se rassemblent lors du solstice d'été, comme encore aujourd'hui le 21 juin pour la Fête de la musique, ou le 24 juin pour sauter par-dessus les feux de la Saint-Jean.

Agenda

LES FESTIVALS :

Fin juin, l'été arrive tambour battant, ou plutôt en fanfare… La fête de la Musique, depuis 1982, fait sortir dans les rues, jusque tard dans la nuit, les Tourangeaux des villes et des champs. Si la métropole tourangelle concentre le plus grand nombre d'orchestres et de chanteurs en tout genre, les bourgs de moindre importance ne sont pas en reste. Professionnels et amateurs s'en donnent à « chœur » joie et sacrifient également avec la même ferveur au culte d'Euterpe, la muse de toutes les musiques.

Rock'Estuaire (44)
Les Petites Folies (29)
Musique, Pays d'Iroise.

Festival du Grouin (35)
Théâtre.

Mégascène (44)
Musiques actuelles, sous toutes leurs formes, le dernier week-end de juin.

HellFest (44)
Musiques extrêmes, l'un des plus grands festivals de métal, organisé à Clisson.

LES MARCHÉS DANS LES CÔTES-D'ARMOR :

Binic : du 15 juin au 15 septembre, jeudi matin, place de Pornelec, quai de Courcy et J.-Bart

Belle-Isle-en-Terre : marché hebdomadaire, mercredi matin, place de la République

Bourbriac : marché hebdomadaire, mardi matin, place du Centre

Bréhat : juillet et août, tous les jours
Broons : marché hebdomadaire, mercredi matin

Callac : marché hebdomadaire, mercredi toute la journée, place du Centre et de l'Église

Caulnes : 3e mardi matin du mois

Caurel : marché hebdomadaire, vendredi matin 9 h 30 à 13 heures

Collinée : marché hebdomadaire, mardi matin

Chatelaudren : marché hebdomadaire, lundi matin, place de la République

Corlay : marché hebdomadaire, vendredi matin

Dinan : marchés hebdomadaires, jeudi matin, place Duguesclin et place du Champs-Clos, samedi matin, rue Carnot et rue de l'Horloge ; marché quotidien sauf lundi, de 8 h 30 à 14 h 30, et du jeudi au samedi de 14 h 30 à 19 heures, les Halles centrales

Erquy : marché hebdomadaire, samedi matin, centre-bourg

Étables-sur-Mer : marché bihebdomadaire, mardi matin et dimanche matin, rue Touroux, centre-ville

Fréhel : marché hebdomadaire, mardi matin et dimanche matin, place Chambly

Grâces : marché hebdomadaire, dimanche matin

Guingamp : marchés hebdomadaires, mardi matin, place Saint-Michel, vendredi matin, place du Vally, samedi matin, place du Centre

Jugon-les-Lacs : marché hebdomadaire, vendredi matin

La Roche-Derrien : marché hebdomadaire, vendredi matin, place du Martray

Lamballe : marchés hebdomadaires, jeudi matin, places du Marché et du Champ-de-Foire, jeudi matin, rue Villedeneu, dimanche matin, place du Champ-de-Foire

Lancieux : juillet-août, mardi matin, place de l'Église

Langneux : marché hebdomadaire, samedi matin

Laniscat : marché hebdomadaire, vendredi après-midi de 16 heures à 20 heures, parking de la Gare

Lannion : marchés hebdomadaires, jeudi de 8 h 30 à 18 heures, du quai d'Aiguillon à la place du Marchallac'h, du mardi matin au samedi matin, les Halles, le vendredi de 8 heures à 13 heures et de 14 h 30 à 19 h 30, les Halles, dimanche matin, rive gauche du Léguer

Lanvollon : marché hebdomadaire, vendredi matin

Lézardrieux : marché hebdomadaire, vendredi matin, place du Centre

Loguivy-Plougras : marché hebdomadaire, vendredi matin

Louargat : marché hebdomadaire, jeudi matin, place de l'Église

Loudéac : marché hebdomadaire, samedi matin, centre-ville

Maël-Carhaix : marché hebdomadaire, jeudi matin de 9 h 30 à 13 heures

Matignon : marché hebdomadaire, mercredi matin, centre-ville

Merdrignac : marché hebdomadaire, mercredi matin de 9 heures à 13 heures, place de la Madeleine

Moncontour : marché hebdomadaire, mardi après-midi de 16 heures à 20 heures, place Penthièvre

Mûr-de-Bretagne : juillet-août, vendredi de 17 heures à 21 heures ;
petit marché de Bon Repos, fin mars à fin octobre, dimanche de 10 heures à 13 heures

Paimpol : marchés hebdomadaires, mardi matin, centre-ville, vendredi matin, Kérity

Penvenan : marché hebdomadaire, samedi matin

Perros-Guirec : marchés hebdomadaires, vendredi matin, centre-ville ; avril à octobre, dimanche matin, rue du Commerce

Plancoët : marché hebdomadaire, samedi matin, rue du Général-de-Gaulle

Plédran : marché hebdomadaire, samedi matin

Plélo : marché hebdomadaire, vendredi

Pleneuf-Val-André : marchés hebdomadaires, mardi matin, place de l'Église, place Nantois, vendredi matin, place de l'Amirauté

Plérin-sur-Mer : marchés hebdomadaires, dimanche matin, rue du Commerce, jeudi matin, Le Légué

Plestin-les-Grèves : marchés hebdomadaires, dimanche matin, place du 19-Mars-1962 : juillet-août, dimanche de 19h à 23h, place de l'Église

Pleubian : marché hebdomadaire, samedi matin, centre-ville

Pleumeur-Bodou : marchés hebdomadaires, mercredi matin, L'Île-Grande, samedi matin, bourg

Ploeuc-sur-Lie : marché hebdomadaire, jeudi matin, place Louis-Morel

Plouarët : marché hebdomadaire, mardi matin, place de l'Église

Ploubalay : marché hebdomadaire, vendredi matin, place de l'Église

Ploubazlanec : marché hebdomadaire, dimanche matin

Plouezec : marché hebdomadaire, samedi matin, place de l'Église

Ploufragan : marché hebdomadaire, vendredi matin

Plouha : marché hebdomadaire, mercredi matin, place de l'Église

Plurien : juin à septembre, vendredi matin

Pontrieux : marché hebdomadaire, lundi matin

Pordic : marché hebdomadaire, vendredi matin, place de la Poste

Quintin : marché hebdomadaire, mardi matin, centre-ville

Rostrenen : marché hebdomadaire, mardi toute la journée

Mes notes

• CITATION • Beau mois de juin, change l'herbe en beau foin.

LE SAVIEZ-VOUS ?

Le quartier des diamantaires à Anvers

Le diamantaire

Si le diamant est connu depuis l'Antiquité, la maîtrise de sa taille ne remonte qu'au début du xve siècle en Flandre. La pratique de la taille de diamant est attribuée à Lodewijk van Berquem qui fit des émules en Europe.

Le diamant possède un très fort indice de réfraction qui lui fait produire de la lumière blanche. Certaines gemmes renferment de l'azote qui les rend fluorescentes et elles présentent une grande variété de couleurs : transparence cristalline, opalescent, jaune, rouge, vert, noir et même celles de l'arc-en-ciel.

En France, au Moyen Âge, il existait des confréries de lapidaires qui taillaient les pierres précieuses, mais il faut attendre le début de la Renaissance pour les voir prospérer à Anvers, Bruges et Paris. Là a commencé la taille du diamant dont le but est de donner à la gemme brute le maximum d'éclat. Pour obtenir ce résultat, trois opérations sont nécessaires : le clivage, le brutage ou le facettage et le polissage.

Après avoir repéré le clivage de la pierre, le diamantaire ébrèche la partie de la gemme à cliver et y insère une lame d'acier. En frappant celle-ci d'un coup sec, mais délicat au moyen d'un maillet, il obtient une cassure nette. Les plus infimes fragments qui se détachent du diamant sont récupérés et servent d'abrasif, notamment pour l'industrie.

La phase suivante, le brutage, consiste à raboter des surfaces clivées à l'aide d'une meule égrisée pour obtenir une ébauche de la forme finale. Elle se poursuit en frottant deux cristaux l'un contre l'autre.

Pour terminer, l'artisan passe à la phase de polissage en utilisant de la poudre de diamant de plus en plus fine.

Pour tirer de la gemme le plus bel éclat, les diamantaires privilégient la taille en brillants, à 58 facettes régulières, dont 32 pour la couronne (la partie supérieure) et 24 pour la culasse (partie inférieure) ; les deux autres parties étant : la table (facette somminale) et la colette (partie inférieure). Améliorée par la suite, cette taille toujours très en vogue a été mise au point en 1919 par un tailleur d'Anvers, Marcel Tolkowsky.

ÉNIGME

JOUEZ AU DÉTECTIVE

Watson : Allons boire un verre. Il fait tellement chaud !
Sherlock Holmes : C'est vrai, il n'y a pas de vent !
Un éboueur : Oh, non !
Sherlock Holmes : Qu'y a-t-il ?
L'éboueur : On m'a sali tout mon travail pendant que je prenais une cigarette. Ces trois hommes ont pu le voir.
Sherlock Holmes : Questionnons-les.
Le 1er homme : Je n'ai rien vu, je jouais au Frisbee.
Le 2e homme : Je n'ai rien vu, je jouais au cerf-volant.
Le 3e homme : Je n'ai rien vu, je lisais ce livre.
Sherlock Holmes : Un d'eux ment !

Qui est le coupable ?

Le 2e homme ment, il n'a pas pu faire du cerf-volant puisqu'il n'y a pas de vent.

POÈME

PAYSAGE DE JUIN

Les prés ont une odeur d'herbe verte et mouillée,
Un frais soleil pénètre en l'épaisseur des bois ;
Toute chose étincelle, et la jeune feuillée
Et les nids palpitants s'éveillent à la fois (…)

Leconte de Lisle

· CITATION · Le temps qu'il fait en juin le trois, sera le temps de tout le mois.

NATURE

Les papillons

L'entomologiste dira d'eux qu'il s'agit de lépidoptères, un ordre d'insectes caractérisés par trois paires de pattes et deux paires d'ailes colorées. Cette forme adulte est l'aboutissement d'une métamorphose en quatre étapes, l'œuf, la chenille, la chrysalide et le papillon. Mais ces papillons constituent sans doute, peut-être plus encore que les fleurs, l'une des plus belles créations de la nature. Tout est dans leurs ailes! Celles-ci sont recouvertes d'écailles qui sont à l'origine des fantastiques couleurs et motifs qu'on peut y voir. Certaines écailles portent des pigments colorés, héritage des végétaux consommés par les chenilles. D'autres écailles ont une structure particulière qui diffracte la lumière du soleil, provoquant l'éclat exceptionnel des ailes de papillons

HISTOIRE

LA CROISADE DES ENFANTS

En 1212, de jeunes désœuvrés du Saint Empire romain germanique se lancèrent dans une croisade, ayant tenu le raisonnement suivant : « Les adultes et les nobles ont échoué à libérer Jérusalem parce que leurs esprits sont impurs. Or nous sommes des enfants, donc nous sommes purs. »

Un groupe d'enfants se répandit alors sur les chemins en direction de la Terre sainte. Sans carte, ils imaginaient aller vers l'est, mais en réalité ils descendaient vers le sud et empruntèrent la vallée du Rhône. En chemin, leur nombre s'accrut jusqu'à compter plusieurs milliers d'enfants qui pillaient et volaient les paysans pour se nourrir.

Des habitants leur dirent que bientôt ils se heurteraient à la mer, ce qui les rassura. Ils étaient convaincus que, comme pour Moïse, la mer s'ouvrirait devant eux pour les laisser passer et leur permettre d'arriver à pied sec jusqu'à Jérusalem.

En réalité, ils parvinrent tous jusqu'à Marseille, où la mer ne s'ouvrit pas. Alors qu'ils attendaient vainement le miracle, deux Siciliens leur proposèrent de les conduire en bateau à Jérusalem. Malheureusement pour eux, les deux hommes étaient liés à une bande de pirates tunisiens qui les menèrent non pas à Jérusalem, mais à Tunis. Là, ils furent tous vendus comme esclaves, à bon prix, sur le marché.

CONSEIL DU JARDINIER

On peut pailler le jardin avec les premiers déchets de tonte, ceci évitera le pourrissement des fruits et limitera l'évaporation. Si on n'utilise pas les déchets de tonte comme paillage, on les incorporera au compost. On peut mettre un activateur dans le compost mais il reste indispensable de le retourner à la fourche pour l'homogénéiser (pas trop souvent pour ne pas interrompre le travail des bactéries). Si on veut avoir des fleurs il faut couper les fleurs fanées, les roses en particulier, pour éviter que les plantes s'épuisent à faire des graines.

lever 06 h 09
coucher 21 h 43, + 2

vendredi 1er

Justin
Philosophe et martyr en 165, sous Marc Aurèle.

lever 06 h 08
coucher 21 h 44, + 1

samedi 2

Blandine
Jeune esclave condamnée à périr dans le cirque, à Lyon, sous Marc Aurèle, en 177.

lever 06 h 08
coucher 21 h 45, + 1

dimanche 3

Kévin
Abbé de Glendalough, près de Dublin, en Irlande, mort en 618.

Semaine 22

juin
2018

PATRIMOINE

Île de Bréhat

Au nord de Paimpol dans les Côtes-d'Armor, l'île de Bréhat, c'est un peu l'île aux fleurs. De nombreuses variétés d'eucalyptus, de fuchsias et autres aloès la rendent pimpante et colorée. Géographiquement, ce sont presque deux îles qui sont reliées par un isthme sur lequel le pont Ar Prat permet de passer de l'île Nord à l'île Sud. Côté météo, le Gulf Stream permet à Bréhat de bénéficier d'un climat qui serait digne (aux dires des îliens) de celui que l'on trouve en Méditerranée. On accède à l'île par voie maritime et les voitures sont interdites sur Bréhat, à quelques exceptions près. On y trouve en revanche quelques tracteurs et de nombreuses bicyclettes. C'est d'ailleurs le meilleur moyen de se déplacer dans l'île qui ne fait que 3,5 kilomètres de long pour 1,5 au plus large. Le passé de Bréhat est chargé d'histoires, celles des nombreux marins et des navigateurs intrépides qui longeaient ses côtes et celles des légendes qui ne manquent pas dans la région. Par la douceur de son climat, par ses criques et plages tranquilles, l'île a également attiré de nombreux écrivains (Prosper Mérimée, 1803-1870, Pierre Loti, 1850-1923), poètes (Robert Giraud, 1921-1997) et peintres (Paul Gauguin, 1848-1903) venus profiter de ce jardin exotique exposé aux embruns et à la lumière.

Office de tourisme
Syndicat d'initiative
Le Bourg
22870 Bréhat
Tél. : 02 96 20 04 15
Plus d'informations :
www.brehat-infos.fr

lever 06 h 07
coucher 21 h 46, + 1

lundi 4

Clotilde
Reine des Francs, épouse de Clovis, morte en 545 à Tours.

lever 06 h 07
coucher 21 h 47, + 1

mardi 5

Igor
Igor II, prince de Moscovie devenu moine à Kiev, assassiné en 1147.

lever 06 h 06
coucher 21 h 48, + 1

mercredi 6

Norbert
Norbert de Xanten fonda à Prémontré l'ordre des Chanoines réguliers. Il devint archevêque de Magdebourg, en Saxe, et mourut en 1134.

lever 06 h 06
coucher 21 h 48, + 1

jeudi 7

Gilbert
Gilbert de Neuffonts, mort en 1152, vendit tous ses biens pour fonder deux monastères de l'ordre des Prémontrés.

• CITATION • S'il pleut à la saint Médard, il pleut quarante jours plus tard, à moins que saint Barnabé, ne vienne l'arrêter.

RECETTE

LE CLAFOUTIS

INGRÉDIENTS

- 3 CUILLERÉES À SOUPE DE FARINE
- 3 CUILLERÉES À SOUPE DE SUCRE
- 3 ŒUFS
- 3/4 DE LITRE DE LAIT CHAUD
- 500 G DE CERISES
- UN PEU DE SUCRE POUR SAUPOUDRER

Mélanger le sucre et les œufs jusqu'à ce que le mélange blanchisse.
Ajouter la farine.
Délayer peu à peu avec le lait.
Beurrer un moule et verser 1/3 de la pâte.
Disposer les cerises.
Verser délicatement le reste de pâte sur les cerises et cuire à four moyen pendant 45 minutes. Au bout de 35 minutes, saupoudrer avec le sucre.

FÊTE DES FRAISES À PLOUGASTEL (29)

Le deuxième dimanche de juin voit revenir chaque année les prémices de l'été et avec lui la fête des fraises de Plougastel. Pour l'occasion, défilés de costumes teintés de rouge et de chars, kermesse, danses et musiques traditionnelles bretonnes, vente et dégustation de différentes préparations à base de fraise et repas ensoleillé dans la ville qui s'enorgueillit même d'un musée de la fraise et du patrimoine.
Plus d'informations : www.mairie-plougastel.fr

lever 06 h 06
coucher 21 h 49, + 1

vendredi 8

Médard
Médard, évêque de Noyon, mort en 560. Une légende raconte que, lorsqu'il était enfant, il fut protégé de la pluie par un aigle aux ailes déployées.

lever 06 h 05
coucher 21 h 50, + 1

samedi 9

Diane
Diane d'Andalo, directrice de la communauté des dominicaines de Sainte-Agnès, à Bologne, morte en 1236.

lever 06 h 05
coucher 21 h 50, + 1

dimanche 10

Landry
Évêque de Paris et fondateur de l'Hôtel-Dieu, mort en 656.

Semaine 23

juin 2018

• CITATION • À la saint Barnabé, fauche ton pré.

PATRIMOINE

Étonnants Voyageurs de Saint-Malo

Ce festival international du livre et du film offre plusieurs récompenses, dans des catégories variées : roman francophone ou étranger, nouvelle francophone ou étrangère, roman jeunesse francophone ou étranger, un prix Jacques Chambon de la traduction, un prix Wojtek Siudmak du graphisme, une catégorie BD-Comics, une autre pour les manga, pour les essais, un prix spécial, le prix Ouest-France Étonnants Voyageurs, le prix Joseph Kessel, le prix Robert Ganzo de poésie, le prix « Gens de mer », avec un thème soigneusement choisi chaque année, ce festival littéraire attire de plus en plus de visiteurs (plus de 60 000 en 2010).

Pour tout renseignement : Étonnants Voyageurs
24, avenue des Français-libres
35400 Saint-Malo
Tél. : 02 99 31 05 74
Courriel : contact@etonnants-voyageurs.com
Plus d'informations: www.etonnants-voyageurs.com

JUSTE POUR RIRE

Toto déclare à son professeur :
— Ma mère ne croit plus aux mathématiques.
Le professeur :
— Ah oui ! Et pourquoi ça ?
— Elle ne comprend pas comment elle a pu prendre 5 kg en mangeant une boîte de chocolat de 2 kg.

LE SAVIEZ-VOUS ?

Le plus important musée du monde marin d'Europe, avec son pavillon en forme de crabe, est Océanopolis. Situé à Brest, ce centre de culture scientifique est dédié aux océans.

TRADITION

LA FÊTE DES PÈRES

Les pères étaient déjà célébrés au temps des Romains. En effet, une cérémonie avait lieu chaque année en février, dans le but de rendre hommage aux pères décédés.

Dans les pays catholiques, on a célébré les pères de famille dès le Moyen Âge à la date du 19 mars, jour de la Saint-Joseph, ce dernier étant le père présumé de Jésus. Cette date du 19 mars a été conservée depuis dans quelques pays de tradition catholique.

La fête des Pères telle que nous la connaissons aujourd'hui est née aux États-Unis. On raconte qu'à la suite du sermon du jour de la fête des Mères en 1909, une jeune femme, Sonora Smart Dodd, proposa pour la première fois de célébrer la fête des Pères. Ayant été élevée par son père, suite au décès de sa mère, elle souhaitait lui démontrer sa reconnaissance.

Le père de Sonora Smart Dodd étant né en juin, elle décida donc d'organiser la fête des Pères dans sa ville le 19 juin.

En 1924, le président Calvin Coolidge apporta son appui à l'idée d'une journée nationale de fête des Pères, puis, finalement, c'est en 1966 que le président Lyndon Johnson proclama officiellement le « Father's Day » (la « fête des Pères »), le troisième dimanche de juin.

lever 06 h 05
coucher 21 h 51, + 1

lundi 11

Barnabé
Disciple et compagnon de saint Paul, apôtre.

lever 06 h 05
coucher 21 h 51, + 1

mardi 12

Guy
Guy Vignotelli, prêtre, mort en 1245, disciple de saint François, mena une vie de jeûne, de pauvreté et d'humilité.

lever 06 h 04
coucher 21 h 52, + 1

mercredi 13

Antoine de Padoue
Né à Lisbonne, il était chanoine régulier lorsqu'il entra dans l'ordre des Mineurs, récemment fondé. Il est mort à Padoue en 1231.

lever 06 h 04
coucher 21 h 53, + 1

jeudi 14

Élisée
Disciple d'Élie, il fut prophète en Israël, au IXe siècle.

· CITATION · Soleil à la saint Hervé, fait présager d'un bel été.

PATRIMOINE

Saint-Suliac (Sant suliav)

Ce village portuaire, typiquement breton, se situe sur la côte de l'Ille-et-Vilaine, à une dizaine de kilomètres de Saint-Malo. Il est organisé autour de son port et de son église du XIIIe siècle, dotée d'une imposante tour carrée qui a conservé son enclos construit au XVIIe siècle et d'où partent de petites rues tortueuses. Les maisons anciennes au toit d'ardoises côtoient l'église dans laquelle les visiteurs viennent admirer le tombeau de saint Suliac, le fondateur du village. Non loin du bourg, le moulin à marée de Beauchet dont la construction est antérieure au XVIe siècle, ne fonctionne plus mais il se dresse toujours fièrement au fond d'un bras de la Rance. Le site est classé « Natura 2000 »* pour la grande diversité de sa faune et de sa flore. Plus loin encore, le menhir, dit « Dent de Gargantua », au lieu-dit Chablé, rappelle la légende du géant qui confondit un enfant avec un rocher et qui s'y cassa une dent.

Mairie de Saint-Suliac
Les Ruelles Guitton
35430 Saint-Suliac
Tél. : 02 99 58 41 22
Plus d'informations : www.saint-suliac.fr

*Réseau européen de sites naturels ou semi-naturels ayant une grande valeur patrimoniale pour la faune et la flore.

lever 06 h 04
coucher 21 h 53, + 1

vendredi 15

Germaine
Germaine Cousin, laïque de Pibrac, en Haute-Garonne, morte en 1601. Elle fut, dès son enfance, astreinte à une vie de servitude et frappée de maladies.

lever 06 h 04
coucher 21 h 53, + 0

samedi 16

Jean-François Régis
Jésuite né dans le Languedoc, évangélisateur des provinces réformées du Velay, du Vivarais et du Forez, mort en 1640.

lever 06 h 04
coucher 21 h 54, + 0

dimanche 17

Hervé
Abbé en Bretagne, mort en 568. Il aurait apprivoisé un loup qui venait de dévorer l'âne d'un laboureur, et lui aurait fait achever le travail.

Semaine 24

juin 2018

• CITATION • Pluie de saint Léonce, pour trente jours s'annonce.

HISTOIRE

L'appel du 18 juin

« L'appel du 18 Juin » est le premier discours prononcé par le général de Gaulle à la radio de Londres, le 18 juin 1940, le jour même où le maréchal Pétain annonçait l'armistice avec l'Allemagne. Par ce message, de Gaulle appelait les Français à ne pas cesser le combat contre l'Allemagne nazie et il prédisait la mondialisation de la guerre. « La flamme de la résistance française ne doit pas s'éteindre et ne s'éteindra pas », ainsi s'exprimait-il sur les ondes de la BBC. Revenant à la charge le lendemain, 19 juin, sur les mêmes antennes, il ajouta : « Tout Français qui porte encore des armes a le devoir absolu de continuer la résistance. »
Contrairement à une idée courante, l'appel du 18 Juin n'était pas une invitation à constituer des réseaux de résistance sur le territoire français. En militaire, de Gaulle s'adressait avant tout, et de manière explicite, aux militaires (officiers et soldats) et aux spécialistes des industries de l'armement (ingénieurs et ouvriers). De plus, il se méfiait non sans raison d'une politisation idéologique d'un mouvement de résistance.
Le général de Gaulle était arrivé à Londres le 17 juin 1940 avec l'intention de convaincre les Britanniques de poursuivre la guerre. Il rencontra très rapidement le Premier ministre anglais Winston Churchill et lui exposa son projet de maintenir la France dans le combat quelle que soit la décision du gouvernement français réfugié à Bordeaux. Le 17 juin au soir, le maréchal Pétain, nouveau chef du gouvernement français, annonça son intention de demander aux Allemands un armistice. Churchill et de Gaulle décidèrent d'un commun accord que le général s'exprimerait dès le lendemain sur la BBC. Il était 18 heures, ce 18 juin 1940, lorsque le général de Gaulle lut son discours. Très rares furent les Français qui entendirent cette allocution en direct. En effet les troupes étaient prises dans la tourmente de la débâcle, quand elles ne poursuivaient pas le combat, tout comme la population civile. Les plus avertis n'en entendirent parler que les jours suivants, dans la presse britannique en particulier, ou par ouï-dire. L'information fut également reprise dans certains journaux français (Le Petit Marseillais, Le Progrès de Lyon) et étrangers. Ce n'est donc qu'ultérieurement, après d'autres appels lancés aux Français de la métropole, de l'empire et du monde entier à résister, que ce discours du 18 juin sera notoirement connu.
« L'appel du 18 Juin » fait désormais partie du patrimoine national. Son évocation déconsidère au point de l'annihiler le message et l'image même du maréchal Pétain dans les films documentaires sur la période. Il est, dans tous les manuels d'histoire, le repère de l'honneur, du courage et de l'espérance. Il est inscrit dans les mémoires françaises comme une des plus grandes dates d'un grand passé.

Le général De Gaulle lisant l'appel

Le 18 juin 2005, « l'appel du 18 Juin » a été classé par l'Unesco sur le registre international « Mémoire du monde » dans lequel sont recensés depuis 1992 les documents du patrimoine documentaire d'intérêt universel, en vue d'assurer leur protection.
Le 10 mars 2006, un décret a institué le 18 juin journée nationale non chômée « commémorative de l'appel historique du général de Gaulle à refuser la défaite et à poursuivre le combat contre l'ennemi ». Cette journée rend aussi hommage à l'ensemble des résistants français, c'est-à-dire à tous ceux qui ont refusé la défaite et ont continué à se battre, que cela soit dans les Forces françaises libres, à la tête d'un journal clandestin, sur les bancs de l'Assemblée consultative provisoire d'Alger ou dans un maquis. Tout comme le 14 juillet 1789, cette date correspond à une réaffirmation de la devise de la République française.

JUSTE POUR RIRE

Une dame fait des reproches à son boulanger :
– Je suis désolée de vous le dire, mais votre pain est rassis !
– Un peu de respect, Madame, je faisais du pain avant que vous ne soyiez née !
– Justement, ce que je vous reproche, c'est de ne le vendre que maintenant !

lever 06 h 04
coucher 21 h 54, + 0

lundi 18

Léonce
Martyr à Tripoli avec deux compagnons qu'il tentait de convertir, sous le règne de Vespasien, vers 304.

lever 06 h 04
coucher 21 h 54, + 0

mardi 19

Romuald
Anachorète et père des moines Camaldules, mort à Val del Castro, dans les Apennins, en 1027.

lever 06 h 05
coucher 21 h 55, + 0

mercredi 20

Silvère
Cinquante-huitième pape, martyr en 537.

lever 06 h 05
coucher 21 h 55, + 0

jeudi 21

Rodolphe
Raoul (ou Rodolphe, Radulphe, Rudolphe), archevêque de Bourges, fondateur de plusieurs monastères, mort en 866.

· CITATION · À la saint Jean, qui voit une pomme en voit cent.

Recette

Sorbet au melon

Ingrédients pour 1 litre de sorbet

- 1 gros melon
- 3 cuillerées à soupe de sucre
- 10 cl d'eau

Retirer les graines. Couper le melon en tranches pour retirer la peau puis couper la pulpe en cubes. Mettre les cubes dans un récipient, ajouter le sucre et l'eau puis mixer avec le mixeur plongeant jusqu'à obtenir une mixture bien lisse.

Mettre la préparation dans la sorbetière pendant 20 à 30 minutes avant de la mettre dans un bac plastique puis au congélateur pour au moins 3 heures pour une glace bien prise.

Histoire

L'homme poulain (conte)

Un jour, un prince naquit avec une tête de cheval, à la grande tristesse de ses parents. Il était pourtant bon et généreux et se décida, adulte, à prendre épouse parmi trois jolies sœurs fermières. Il voulut d'abord épouser l'aîné mais entendit par hasard celle-ci, la veille de son mariage, rire de l'étrangeté de son époux et jurant de lui couper la tête dès leur nuit de noces. Le lendemain du mariage, c'est elle que l'on retrouva la tête tranchée par son mari. Il en fut de même avec la seconde des trois sœurs qui voulut tuer le prince et que l'on retrouva étêtée comme son aînée. La benjamine était bien plus brave et elle vécut heureuse avec le prince devenu roi, d'autant plus qu'il reprenait forme humaine chaque nuit venue. Neuf mois après leur union, ils eurent un fils très réussi. Le roi dit à son épouse que cette naissance le comblait d'autant plus de joie qu'elle mettait fin à la malédiction qui le faisait mi-homme mi-cheval le jour. Cependant, la reine ne devait rien révéler de cet état à quiconque avant la nuit. Mais la belle ne sut tenir sa langue et à l'instant où elle révéla son bonheur à l'un de ses proches, le roi apparut. Il lui dit qu'ils allaient être séparés jusqu'à ce qu'elle use trois paires de chaussures de fer à le chercher. C'est ainsi que la reine erra dix longues années par monts et par vaux. Elle finit par retrouver son époux dans un château lointain et ils purent, de nouveau et à jamais, vivre leur amour.

lever 06 h 05
coucher 21 h 55, + 0

vendredi 22

Alban
Auban (ou Aubin, Alban, Albain, Albane, Albans, Albe) est considéré comme le premier martyr anglais, vers 287.

lever 06 h 05
coucher 21 h 55, + 0

samedi 23

Audrey
Etheldrède (ou Æthelthryth, Audrey, Edeltrude), morte en 679, fut abbesse, et fonda le monastère d'Ely, en Angleterre.

lever 06 h 06
coucher 21 h 55, + 0

dimanche 24

Jean-Baptiste
Nativité de saint Jean-Baptiste (Ier siècle).

Semaine 25

juin 2018

MOTS FLÉCHÉS

CELUI DE VERSAILLES À BRISSAC
CHÂTEAU DE LA LOIRE
PAS ALLUMÉ
METS VIETNAMIEN
SE CONFESSE
HEUREUX
ARTÈRE
HISTOIRE À BULLES
BOÎTE À BULLETINS

5

GRANDE OUVERTE
BAISSE
ENTENDRE
PORTES PRÉJUDICE
7
VILLE DU CHÂTEAU DU PLESSIS-BOURRÉ

6
ÉCLOS
ÉPOUX
8

VILLE ITALIENNE
SANS VÊTEMENT
PROVIENT
2
HOMME
SERVICE GAGNANT

3
COURS D'EAU FLAMAND
CONTRE
VILLE DU GARD

ÉTAT-MAJOR
RECOUVRE LE LIT
CÉLÉBRAI
CONIFÈRE

A SA SCULPTURE AU CHÂTEAU DU RIVAU
L'ASTATE PLUS COURT

SES TOILES SONT VISIBLES AU CHÂTEAU DU PLESSIS-BOURRÉ
RÉFUTÂT
CONDIMENT
4

1
PRONOM RÉFLÉCHI

1	2	3	4	5	6	7	8

Nom d'une salle du château de Loches.

lever 06 h 06
coucher 21 h 56, + 0

lundi 25

Prosper
Prosper d'Aquitaine, théologien laïc mort vers 460. Il fut le légat du pape Léon le Grand.

lever 06 h 06
coucher 21 h 56, + 0

mardi 26

Anthelme
Anthelme de Chignin, évêque de Belley, mort en 1178. Il fut d'abord moine de la Grande Chartreuse.

lever 06 h 07
coucher 21 h 56, + 0

mercredi 27

Fernand
Ferdinand de Cajazzo (ou d'Aragon), évêque en Italie au XIIIe siècle.

lever 06 h 07
coucher 21 h 55, + 0

jeudi 28

Irénée
Évêque de Lyon et martyr vers 201.

MOTS CROISÉS

HORIZONTALEMENT **1** Chapelle du château d'Angers. **2** Petit de la brebis. Pronom réfléchi. **3** Arriva. Présentoir. **4** Lettre grecque. Tenta. **5** Conifère. Pareil. **6** Longues périodes. Tara. **7** Fleuve breton. « … d'Azay » fût le premier seigneur du château d'Azay-le-Rideau. **8** Accepta. Liquide. **9** Sa tour est la plus haute du château d'Angers. Union d'Europe.

VERTICALEMENT **1** Elle habita le château d'Amboise « Louise de… ». Pour le matin. **2** Bougé. Endroit frais dans la cuisine. **3** De naissance. Vierge. **4** Claires. Article de Séville. **5** La tienne. L'argent pour le chimiste. Trait lumineux. **6** Bouquinée. Pomme. **7** Ville d'Espagne. **8** Fatiguas. Récipient. **9** Nom de la prison du château de Loches.

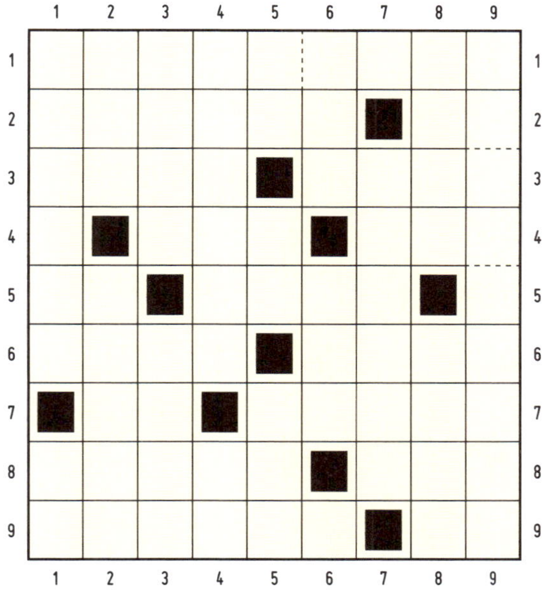

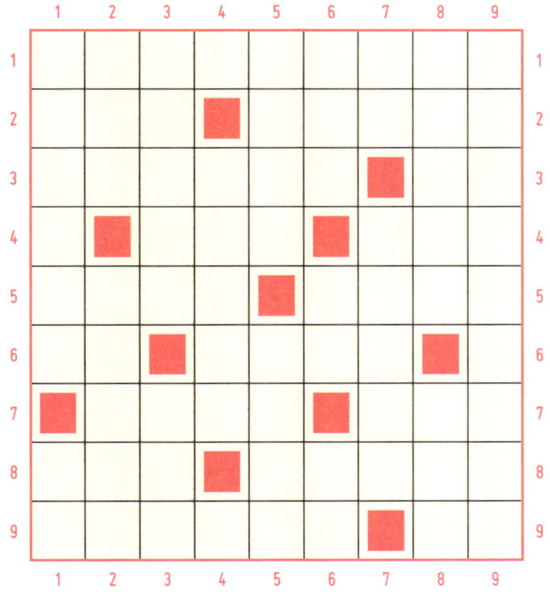

HORIZONTALEMENT **1** Collection à voir au château du Plessis-Bourré. **2** Sommet. Vipère. **3** Phoque. Pour interpeller. **4** Fatigué. Pas un amateur. **5** Aurochs. Moyen de transport. **6** L'exaampère plus court. Surveille. **7** Assassiner. Réfute. **8** Conifère. Teinter d'iode. **9** Ils sont légions dans les châteaux de la Loire. Pour le pétagramme.

VERTICALEMENT **1** À voir au château de Brissac « Théâtre Belle… ». Abrégé pour pétafarad. **2** Existe. Pourcentage. **3** Écosse. Vont avec les autres. **4** Coupée. **5** Dissimules. Nom de famille de seigneurs au château Montpoupon. **6** Enzyme. Le titane pour le chimiste. Squelette. **7** Adresses d'ordinateur. Saisit. **8** Assemblera. Institut d'études politiques. **9** Maréchal qui résida au château de Durtal.

lever 06 h 08
coucher 21 h 55, - 1

vendredi 29

Pierre, Paul
Apôtres.

lever 06 h 08
coucher 21 h 55, - 1

samedi 30

Martial
Évêque de Limoges au IIIe siècle.

Semaine 26

***juin* 2018**

Juillet 2018

Juillet vient de *Julius*, en hommage à Jules César. Juillet est considéré comme le mois le plus chaud de l'année. D'ailleurs, selon le calendrier républicain, le 19 juillet se termine messidor et commence thermidor, dont la racine grecque – des mots « thermes », « thermomètre » – signifie « chaud ».

Agenda

Les festivals :

Festival de Cornouaille (29)
Pluridisciplinaire, à Quimper.

Au pont du rock (56)
Musique, rock, le dernier week-end de juillet, à Malestroit.

Bobital, L'Armor a sons (22)
Musiques, groupes français à côté de Dinan.

La Route du Rock (35)
Musiques, rock, à Saint-Malo.

Les Vieilles Charrues (29)
Musiques, nombreux artistes d'horizons variés, à Carhaix-Plouguer.

La nuit de l'Erdre (44)
Musiques, artistes connus ou pas, à Nort-sur-Erdre.

Les Escales de Saint-Nazaire (44)
Musiques du monde, thème différent chaque année, à Saint-Nazaire.

Les marchés dans les Côtes-d'Armor :

Saint-Brieuc: marchés hebdomadaires, du mardi au samedi de 8 heures à 13 heures et de 15 h 30 à 19 h 30, les Halles de la Grille, dimanche et jours fériés de 8 heures à 13 heures, les Halles de la Grille, mercredi matin et samedi matin, centre-ville, dimanche matin de 9 heures à 13 heures, rue Guillaume-Apollinaire

Saint-Cast-le-Guildo : marchés hebdomadaires, mardi matin, place de l'Église, vendredi matin, place Anatole-Le-Braz ; du 15 juin au 15 septembre, lundi matin, place du Marché des Mielles, jeudi de 17 heures à 23 h 30, rue Jacques-Cartier, vendredi de 17 heures à 20 h 30 à la Ferme des Landes

Saint-Connec : marché hebdomadaire, vendredi de 14 heures à 16 heures

Saint-Jacut-de-la-Mer : marché hebdomadaire, vendredi matin, place du Marché

Saint-Laurent : marché bihebdomadaire, mardi matin et vendredi matin, place Kennedy

Saint-Michel-en-Grève : marché hebdomadaire, lundi matin

Saint-Quay-Portrieux : marchés hebdomadaires, lundi matin, quai Robert-Richet, vieux port, vendredi matin, près de l'Église, rue Jeanne-d'Arc

Senven-Léhart : marché hebdomadaire, vendredi matin

Taden : juillet-août, marché biologique, vendredi de 17 heures à 21 heures, Marché au Manoir

Trébeurden : marché hebdomadaire, mardi matin, place des Îles

Trégastel : du 15 juin au 15 septembre, lundi matin, place Sainte-Anne

Trégueux : marché hebdomadaire, vendredi matin

Tréguier : marché hebdomadaire, mercredi matin, place des Halles et des Quais

Mes notes

HISTOIRE

La mort de Guy de Maupassant

Né Henry-René-Albert-Guy de Maupassant le 5 août 1850 au château de Miromesnil à Tourville-sur-Arques, le plus illustre auteur de nouvelles de la littérature française est mort le 6 juillet 1893 à Paris.
Guy de Maupassant a marqué la littérature française par ses six romans et surtout par ses quelque 300 nouvelles, parfois intitulées contes, comme Boule de Suif en 1880, Les Contes de la bécasse en 1883 ou Le Horla en 1887. Le pessimisme se dégage souvent de ses œuvres qui captent le lecteur par leur réalisme et leur caractère fantastique, mais aussi par la maîtrise stylistique.
Guy passe son enfance à Étretat. Là, entre mer et campagne, il grandit dans l'amour de la nature et des sports en plein air. Il est profondément attaché à sa mère, une femme à la culture littéraire peu commune.
À l'âge de 13 ans, il est pensionnaire de l'Institution ecclésiastique d'Yvetot, c'est là qu'il commence à versifier. De sa première éducation catholique, il conservera une hostilité marquée envers la religion : il finira par se faire renvoyer.
Bachelier ès lettres en 1869, Maupassant part étudier le droit à Paris sur le conseil de sa mère et de Flaubert, mais la guerre qui s'annonce va contrarier ces plans.
En 1870, il s'enrôle comme volontaire lors de la guerre franco-prussienne. Affecté d'abord dans les services d'intendance puis dans l'artillerie, il participe à la retraite des armées normandes devant l'avancée allemande. Après la guerre, il paie un remplaçant pour achever à sa place son service militaire et quitte la Normandie pour s'installer durablement à Paris où il passe dix années comme commis dans des ministères. Le soir, il travaille d'arrache-pied à ses travaux littéraires.
Fin janvier 1877, Maupassant est malade, le diagnostic tombe : la syphilis. Cette maladie dont il mourra ne cessera d'empoisonner son existence, même s'il s'en gausse alors : « J'ai la vérole ! Enfin la vraie ! Et j'en suis fier morbleu et je méprise par-dessus tout les bourgeois. »
Encouragé par Gustave Flaubert, le vieil ami de sa famille, Guy de Maupassant publie en 1879 son premier livre, un fascicule d'une centaine de pages, Histoire du vieux temps. S'étant lié avec Zola, il participe en 1880 au recueil collectif des écrivains naturalistes. Sa première nouvelle Boule de Suif remporte d'emblée un grand succès : Flaubert la qualifie de « chef-d'œuvre qui restera ». L'œuvre de Maupassant restera effectivement à la postérité. Le cinéma et aujourd'hui la télévision en ont fait des adaptations.
La décennie de 1880 à 1890 est la période la plus féconde de la vie littéraire de Maupassant dont l'état physique et mental ne cesse de se dégrader. En août 1890, il commence L'Âme étrangère, qu'il ne finira jamais, tout comme L'Angélus en 1891.
Le 31 décembre 1891, il envoie une lettre d'adieu au Dr Cazalis : ce sont ses dernières lignes. Dans la nuit du 1er au 2 janvier 1892, il fait une tentative de suicide au pistolet (les cartouches ont été retirées par son domestique), puis casse alors une vitre et tente de s'ouvrir la gorge. Il est interné dans une clinique parisienne où il meurt de paralysie générale. Quelques années auparavant, Guy de Maupassant avait écrit : « Je suis entré dans la littérature comme un météore, j'en sortirai comme un coup de foudre. » Il est inhumé au cimetière de Montparnasse à Paris (26e division).

lever 06 h 09
coucher 21 h 55, - 1

dimanche 1er

Thierry
Disciple de l'évêque saint Rémi, abbé près de Reims, mort en 533.

NOTES

lever 06 h 09
coucher 21 h 55, - 1

lundi 2

Martinien
Gardien de prison, il fut geôlier de saint Pierre et saint Paul, qui le convertirent. Il subit le martyre.

lever 06 h 10
coucher 21 h 55, - 1

mardi 3

Thomas
Apôtre.

lever 06 h 10
coucher 21 h 54, - 1

mercredi 4

Florent
Évêque de Cahors au IVe siècle.

lever 06 h 11
coucher 21 h 54, - 1

jeudi 5

Antoine
Antoine-Marie Zaccaria, fondateur des Barnabites, clercs réguliers de Saint-Paul, mort à Crémone, en Italie, en 1539.

Recette

Poivrons farcis à la bretonne

Pour 4 personnes

- 1 poivron rouge
- 1 poivron jaune
- 1 chou-fleur
- 200 g de jambon blanc
- 2 oignons
- 2 tranches de pain de mie
- 80 g d'emmental râpé
- 100 g de beurre
- 1 cuillerée à soupe d'huile
- Persil, sel, poivre

Laver le chou-fleur, le découper en petits morceaux et faire cuire ceux-ci 5 à 10 minutes à la vapeur puis assaisonner. Peler et hacher les oignons et les faire revenir quelques minutes à la poêle avec un petit peu de beurre. Mettre le four à préchauffer thermostat 210 °C. Ôter la croûte des tranches de pain de mie et les découper en dés ainsi que le jambon.
Mélanger les morceaux de chou-fleur, de pain et de jambon. Ajouter les oignons tiédis et le reste du beurre fondu.
Couper les poivrons en deux dans le sens de la largeur. Les épépiner et ôter la nervure blanche. Les remplir avec la farce et parsemer d'emmental râpé. Disposer les poivrons dans un plat à gratin en vérifiant leur équilibre et passer au four 30 minutes. Servir bien chaud, parsemé de persil ciselé pour la présentation.

Conseil du jardinier

La consoude

Le nom de la consoude, qui signifie « je répare », vient de ses vertus cicatrisantes. Cette plante possède une longue histoire thérapeutique, les Grecs l'employaient sur les plaies, dans les hémorragies et contre les hémorroïdes. Henri Leclerc, médecin et phytothérapeute français, s'en servait pour soigner les brûlures des soldats de la Première Guerre mondiale. Sa racine contient de l'allantoïne qui favorise la production de nouvelles cellules, les feuilles sont riches en vitamine B12. Outre ses vertus médicinales, la consoude est un excellent engrais vert pour l'agriculture biologique. Sa teneur en potassium en fait un engrais très apprécié pour la culture des tomates et des pommes de terre

Le saviez-vous ?

Des morceaux de la table des marchands de Locmariaquer correspondent parfaitement avec les morceaux de la dalle de la chambre funéraire de Gavrinis. Ils faisaient donc sans doute partie d'un même ensemble mais on ignore comment ils ont été séparés et transportés loin l'un de l'autre.

lever 06 h 12
coucher 21 h 54, - 1

vendredi 6

Mariette
Maria Goretti, morte en 1902, à l'âge de 12 ans, en défendant sa chasteté contre un jeune voisin.

lever 06 h 13
coucher 21 h 53, - 1

samedi 7

Raoul
Ralph Milner, martyr en Angleterre en 1591.

lever 06 h 13
coucher 21 h 53, - 1

dimanche 8

Thibaud
Thibaud de Marly, abbé des Vaux-de-Cernay, mort en 1247.

• CITATION • Juillet, orage de nuit, peu de mal mais que de bruit !

HISTOIRE

La Marseillaise

Le 10 août 1792, après trois ans de monarchie constitutionnelle, la Royauté est renversée. Les Fédérés provençaux et bretons, unis au peuple de Paris, prennent les Tuileries et en chassent le roi. Au cours de ces journées les Fédérés provençaux chantaient une marche que les Parisiens appelèrent le « Chant des Marseillais » qui donnera plus tard « la Marseillaise ». La Marseillaise n'a pourtant pas été composée à Marseille mais à Strasbourg à l'initiative du maire. En avril 1792, la guerre contre l'Autriche est imminente, le maire de Strasbourg, souhaitant galvaniser les troupes de volontaires, sollicite le capitaine Rouget de Lisle afin qu'il compose un chant pour entraîner les jeunes recrues. Cette marche prend le nom de « Chant de guerre pour l'armée du Rhin ».
Décrétée chant national le 14 juillet 1795 par la Convention, interdite sous l'Empire et la Restauration, la Marseillaise revient à l'honneur en 1815 avec Napoléon Ier pendant les Cent Jours. Lors des révolutions de 1830 et de 1848, la Marseillaise est chantée par le peuple mais elle ne devient l'hymne national de la République française qu'en mars 1879.

À NE PAS MANQUER

FESTIVAL DES VIEILLES CHARRUES À CARHAIX (FINISTÈRE)

Est-il encore nécessaire de présenter le festival des Vieilles Charrues ? Cet événement musical créé il y a plus de vingt ans est devenu un des incontournables de l'été. Plus de 270 000 festivaliers se sont précipités à Carhaix en 2011 et nul doute qu'ils ne seront pas moins cette année, ni les suivantes. Grâce à une programmation éclectique, à une organisation impeccable et écoresponsable, les Vieilles Charrues ont encore de longues et belles années devant elles. Depuis quelques années se tient pendant les quatre jours du festival un tremplin, les « Jeunes Charrues ». Il permet aux jeunes talents de la région de se produire sur la scène du festival, aux côtés de leurs idoles.
Pour tout renseignement : Association Les Vieilles Charrues
17, place de la Mairie
29834 Carhaix Cedex
Tél. : 02 98 99 25 45
Courriel : info@vieillescharrues.asso.fr
Plus d'informations : www.vieillescharrues.asso.fr

NOTES

À NE PAS MANQUER

GELÉE DE GROSEILLE À FROID

INGRÉDIENTS

- 3 KG DE GROSEILLES ROUGES
- 2 KG DE SUCRE
- 2 DL D'EAU

Laver et équeuter les groseilles.
Les mettre dans la bassine avec l'eau, à feu moyen.
Faire éclater les groseilles en tournant de temps en temps. Porter à ébullition.
Laisser bouillir 2 à 3 minutes maximum, retirer du feu.
Presser, filtrer, et peser le jus.
Mettre le même poids de sucre en versant très lentement et sans cesser de tourner. Le sucre doit se dissoudre aussitôt et ne pas se déposer au fond de la bassine. (Il faut environ 1/2 heure pour incorporer le sucre.)
Mettre en pot et couvrir le lendemain.

lever 06 h 14
coucher 21 h 52, - 1

lundi 9

Amandine
Marie-Amandine de Taiyuan (Pauline Jeuris), martyre en Chine en 1900 avec 6 autres franciscaines.

lever 06 h 15
coucher 21 h 52, - 1

mardi 10

Ulrich
Ulric, bénédictin à Zell, près de Fribourg-en-Brisgau, mort en 1093.

lever 06 h 16
coucher 21 h 51, - 1

mercredi 11

Benoît
Benoît de Nursie, fondateur du monastère du Mont-Cassin. Sa règle monastique se répandit partout en Europe. Il mourut vers 547.

lever 06 h 17
coucher 21 h 50, - 2

jeudi 12

Olivier
Olivier Plunket, évêque d'Armagh, en Irlande, martyr en 1681.

HISTOIRE

Fête de la Fédération

Depuis 1880, la fête nationale de la France a lieu chaque 14 juillet. Voulue par le marquis de La Fayette, elle célèbre officiellement la fête de la Fédération de 1790 qui marqua, notamment, la fin de la monarchie absolue ainsi que le premier anniversaire de la prise de la Bastille.

Le matin du 14 juillet 1789, le peuple de Paris a pris les armes aux Invalides et s'est dirigé vers la bastille Saint-Antoine, une ancienne forteresse royale, pour y chercher de la poudre. Après une fusillade sanglante, les insurgés se sont emparés de la Bastille et ont délivré les quelques prisonniers qui y étaient enfermés. Cet événement est resté dans l'histoire de France comme la première victoire du peuple de Paris contre un symbole de la monarchie. La Bastille fut abattue à partir du 15 juillet par un entrepreneur privé, Palloy, qui vendit une partie des pierres en guise de souvenirs (pierres sculptées représentant la Bastille en miniature). Toutefois, la plus grande partie a été utilisée pour la construction du pont de la Concorde à Paris. Le marquis de La Fayette envoya une des clés de la Bastille à George Washington, l'une des grandes figures de la Révolution américaine et premier président des États-Unis.

Le 14 juillet 1790, la fête de la Fédération a été organisée en grande pompe au Champ-de-Mars à Paris afin de célébrer le premier anniversaire de la prise de la Bastille. Les députés des 83 départements assistaient à l'événement, ainsi que le roi Louis XVI qui prêta serment à la nation et à la loi. Serment que les Parisiens répétèrent avant d'entonner un *Te Deum* et de se séparer au milieu des embrassades et des vivats, dont beaucoup s'adressaient à Louis XVI. Il s'agissait donc d'une fête de la réconciliation et de l'unité de tous les Français.

Cette commémoration fut abandonnée jusqu'à la IIIe République qui décida de la remettre à l'honneur.

Le 21 mai 1880, le député Benjamin Raspail déposa la loi faisant du 14 juillet la fête nationale annuelle en commémoration de la fête de la Fédération du 14 juillet 1790. Le 14 juillet 1789, jour de la prise de la Bastille, ayant été une journée jugée sanglante, c'est la fête de la Fédération qui emporta les suffrages après un débat à l'Assemblée nationale et au Sénat. Extrait : *[...] Mais, à ceux de nos collègues que des souvenirs tragiques feraient hésiter, rappelons que le 14 juillet 1789, ce 14 juillet qui vit prendre la Bastille, fut suivi d'un autre 14 juillet, celui de 1790, qui consacra le premier par l'adhésion de la France entière, d'après l'initiative de Bordeaux et de la Bretagne. Cette seconde journée du 14 juillet, qui n'a coûté ni une goutte de sang ni une larme, cette journée de la Grande Fédération, nous espérons qu'aucun de vous ne refusera de se joindre à nous pour la renouveler et la perpétuer, comme le symbole de l'union fraternelle de toutes les parties de la France et de tous les citoyens français dans la liberté et l'égalité. Le 14 juillet 1790 est le plus beau jour de l'histoire de France, et peut-être de toute l'histoire. C'est en ce jour qu'a été enfin accomplie l'unité nationale, préparée par les efforts de tant de générations et de tant de grands hommes, auxquels la postérité garde un souvenir reconnaissant. Fédération, ce jour-là, a signifié unité volontaire. [...]*

Dès l'origine, l'accent a été mis sur le caractère patriotique et militaire de cette célébration, afin de témoigner du redressement militaire de la France après la défaite de 1870. En 1880, un défilé militaire en présence du président de la République Jules Grévy réunit plusieurs dizaines de milliers de spectateurs sur l'hippodrome de Longchamp où la fête du 14 Juillet se déroula jusqu'en 1914, avant de se tenir sur les Champs-Élysées.

NOTES

lever 06 h 18
coucher 21 h 50, - 2

vendredi 13

Henri, Joël
Henri II, empereur germanique, mort en 1024.
Joël, prophète de l'Ancien Testament, vers 350 avant J.-C.

lever 06 h 19
coucher 21 h 49, - 2

samedi 14

Fête nationale

lever 06 h 20
coucher 21 h 48, - 2

dimanche 15

Donald
Abbé à Ogilvy, en Écosse, au VIIe siècle. A fondé un couvent avec ses 7 filles.

Semaine 28

***juillet* 2018**

• CITATION • En juillet mois d'abondance, le pauvre a toujours sa pitance

NATURE

Les papilionacées

La famille de ces plantes avait autrefois pour nom les papilionacées, sans doute à cause de la forme de leurs fleurs. Aujourd'hui, on parle des fabacées… Mais elles ont encore eu un autre nom : les légumineuses, et cela à juste titre ! En effet, elles ont pour particularité de fixer l'azote, ce qui constitue un double intérêt : d'abord, elles ne nécessitent pas d'engrais azotés, et en plus elles sont une source de protéines pour l'alimentation. C'est ainsi qu'on cultive les trèfles, luzerne, sainfoin pour le fourrage des animaux, sans parler des vesces et gesses, lupins, ajoncs, genêts et autres cytises qui poussent dans les espaces naturels. Et en ce qui concerne l'alimentation humaine, rappelons-nous que les haricots, pois, fèves, pois chiches et lentilles, mais aussi l'arachide et le soja font partie de la famille.

À NE PAS MANQUER

FESTIVAL POLIGNAC À GUIDEL (MORBIHAN)

Créé en 1986 sous le nom de Festival des 7 Chapelles, cet événement musical est devenu le Festival Polignac depuis 2010. C'est à Guidel que les jeunes talents côtoient les têtes d'affiche dans un festival dont le programme propose aussi bien de la musique de chambre, un orchestre symphonique, des voix envoûtantes du jazz et de la musique contemporaine. La princesse Constance de Polignac, devenue présidente en 2002, tient particulièrement à « ouvrir le Festival Polignac à un très large public ».

Pour tout renseignement : Festival Polignac
12, place de Polignac
56520 Guidel
Tél. : 02 97 65 06 13
Courriel : festival@fondationspolignac.com
Plus d'informations : www.festivalpolignac.com

CONSEIL DU JARDINIER

Après la floraison printanière on taillera les arbustes en commençant par la base, on coupera toutes les branches en surnombre, le bois mort ou cassé, et ensuite les rameaux qui gênent la silhouette. Ces brindilles, mises dans un coin du jardin, seront des refuges pour les hérissons, on peut aussi les broyer pour le compost. Pour économiser l'eau on bine et on paille les massifs. Juillet c'est aussi le bon moment pour planter les bulbes d'automne : colchique et crocus d'automne, ainsi que les cyclamens. Si les haricots ont des poux on peut les traiter avec du savon de Marseille.

NOTES

lever 06 h 20
coucher 21 h 47, - 2

lundi 16

Notre Dame du Mt-Carmel
Notre Dame du Carmel est l'un des noms de la Vierge Marie.

lever 06 h 21
coucher 21 h 47, - 2

mardi 17

Charlotte
Anne-Marie-Madeleine-Françoise Thouret (sœur Charlotte de la Résurrection) et ses compagnes, carmélites de Compiègne, guillotinées en 1794.

lever 06 h 22
coucher 21 h 46, - 2

mercredi 18

Frédéric
Évêque d'Utrecht, assassiné sur ordre de l'impératrice Judith en 838.

lever 06 h 24
coucher 21 h 45, - 2

jeudi 19

Arsène
Ermite dans le désert de Scété, mort en 449.

· CITATION · À la saint Madeleine, le raisin est formé et le blé renfermé.

HISTOIRE

Tour de France 1912

La 10e édition du Tour de France s'est déroulée du 30 juin au 28 juillet 1912 sur 15 étapes pour 5 319 km. Pour la première fois il sera gagné par un Belge, Odiel Defraye, le Français Eugène Christophe sera deuxième.
Eugène Christophe s'illustre dans les étapes de montagne en signant trois victoires d'étapes consécutives. Lors de l'étape Chamonix-Grenoble, troisième de la série, Christophe accomplit un raid de plus de 300 km, d'abord épaulé par son équipier Alavoine, puis seul. Il compte plus de 12 minutes d'avance au sommet du Galibier, puis il ralentit, le temps n'étant pas pris en compte, pour terminer avec trois minutes d'avance sur Octave Lapize. En 1912, et pour la dernière fois, le classement général se fait en fonction des points obtenus et non pas du temps mis. Le vainqueur de chaque étape marque un point, le suivant marque un point de plus si l'intervalle de temps entre deux concurrents reste inférieur à six minutes, sinon, il marque un point de plus par intervalle de cinq minutes supplémentaire, et ainsi de suite jusqu'au dernier coureur. Le vainqueur est donc celui qui a le moins de points.

LE SAVIEZ-VOUS ?

La cataracte est connue et opérée depuis l'Antiquité. Les premiers médecins connus à pratiquer cette opération furent les médecins orientaux, à l'aide d'une aiguille creuse, et ceci, mille ans avant que les Occidentaux n'osent le faire. Le code d'Hammourabi prévoyait cette chirurgie et précisait même les pénalités pour le chirurgien en cas de complications (mains coupées…). Une description précise de l'opération fut même donnée par le Romain Cornelius Celsus qui vivait du temps de l'empereur Néron.

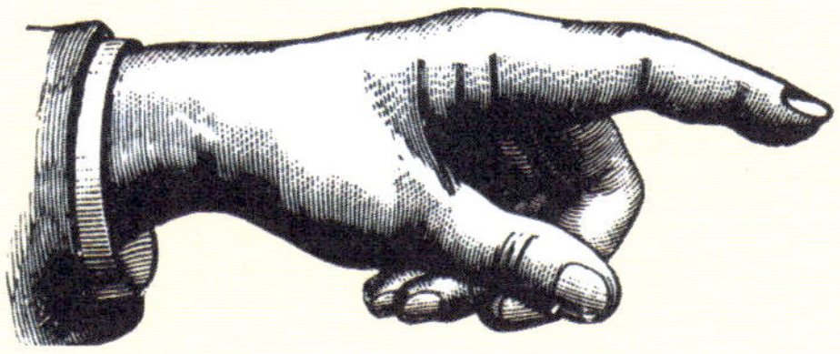

lever 06 h 25
coucher 21 h 44, - 2

vendredi 20

Marina
Marguerite d'Antioche, pour avoir refusé les avances d'un préfet romain, est condamnée à subir le martyre vers 275.

lever 06 h 26
coucher 21 h 43, - 2

samedi 21

Victor
Victor de Marseille, soldat romain, converti, martyrisé vers 292.

lever 06 h 27
coucher 21 h 42, - 2

dimanche 22

Marie-Madeleine
Délivrée de sept démons par Jésus, elle assista à sa crucifixion et le vit ressuscité.

Semaine 29

juillet 2018

• CITATION • De sainte Anne à saint Laurent, plante des raves en tout temps.

PATRIMOINE

Île de Batz

Au nord du Finistère, l'île de Batz offre ses côtes déchiquetées aux lames venues de la Manche. Batz est une île discrète dont les nombreux charmes sont pourtant reconnus de ses habitants et de ses visiteurs. Très proche du continent, on y accède par bateau (un petit quart d'heure de traversée parfois agitée par des vents violents) et les courageux qui grimpent les 210 marches du phare peuvent admirer une superbe vue sur Roscoff et sur la pointe du Bloscon. Ici le climat est particulièrement doux et les maraîchers n'ont aucun mal à produire pommes de terre, choux-fleurs et endives qui peuvent également bénéficier de l'engrais naturel du goémon. Les principales activités de Batz sont donc l'agriculture et la pêche. Le tourisme fait également vivre une partie de l'île et un des lieux les plus visités se trouve à la pointe sud-est, c'est le jardin Delaselle. Il porte le nom de son créateur, un assureur parisien passionné d'exotisme qui créa un jardin colonial sur l'île de Batz en 1897. On trouve aujourd'hui plus de 1500 espèces dans la collection botanique du jardin, dont des palmiers rares, des aloès et des agapanthes. Une poignée de bénévoles maintient le rêve exotique de Georges Delaselle.

Syndicat d'initiative de l'île de Batz
Porz Kernoc
29253 Île de Batz
Tél. : 02 98 61 75 70
Plus d'informations : www.iledebatz.com

lever 06 h 28
coucher 21 h 41, - 2

lundi 23

Brigitte
Brigitte de Suède, fondatrice de l'ordre du Saint-Sauveur, morte en 1373.

lever 06 h 29
coucher 21 h 40, - 2

mardi 24

Christine
Christine l'Admirable, mystique au monastère Sainte-Catherine de Saint-Trond, en Belgique, morte en 1224.

lever 06 h 30
coucher 21 h 39, - 2

mercredi 25

Jacques le Majeur
Apôtre, frère de saint Jean, mort en 44. La tradition a fait de lui l'évangélisateur de l'Espagne.

lever 06 h 31
coucher 21 h 37, - 2

jeudi 26

Anne, Joachim
Parents de la Vierge Marie.

• CITATION • À la saint Samson, le temps est bon.

Histoire

Naissance d'Alexandre Dumas

Le créateur de D'Artagnan est né le 24 juillet 1802, son père, le général Thomas Alexandre Dumas fut le premier général mulâtre de la République. Il était le fils naturel d'Antoine Alexandre Davy, marquis de la Pailleterie et d'une esclave noire de Saint-Domingue, Marie-Zézette Dumas. Avec l'aide de « nègres » et en particulier d'Auguste Maquet, Alexandre Dumas publiera plus de 120 œuvres théâtrales ou romanesques. Il signe des grandes fresques historiques comme Les Trois Mousquetaires ou Le Comte de Monte-Cristo qui paraîtront en feuilleton dans la presse avant d'être publiés en livre. Amateur de voyage, il se rend notamment dans le sud de la France et en 1841 il publiera le récit de son voyage. Il y parle d'Avignon où fut assassiné son parrain le général Brune, d'Arles et des Baux vivant au ralenti repliées sur leur passé. Quand il relate la partie de chasse au « chastre »(oiseau) de Monsieur Louët entre Marseille et Rome, c'est pour se moquer de la capacité à exagérer des Marseillais, et il le fait avec un réel talent marseillais !
Pour le bicentenaire de sa naissance, la dépouille d'Alexandre Dumas a été transférée au Panthéon.

Personnage célèbre

Mort de la reine Jeanne

Le 27 juillet 1382, après une vie pleine de rebondissements, Jeanne reine de Naples et comtesse de Provence, fut assassinée par un cousin. La reine n'avait pas d'héritiers directs, dans un premier temps elle avait désigné son cousin Charles, duc de Duras, pour lui succéder, avant d'adopter, en 1380, l'un des frères du roi de France. À la mort de la reine, chacun revendiquait le titre d'héritier légitime, alors les troupes des deux prétendants s'affrontèrent dans un conflit long et douloureux, qui prit le nom de guerre de l'Union d'Aix. Ce conflit est à l'origine de la décision des habitants de la région de Nice de se mettre sous la protection de la maison de Savoie en 1388.

Pour tout savoir

« Voir » comme la chauve-souris

Si la chauve-souris est naturellement aveugle, elle ne s'en déplace pas moins dans l'espace avec une aisance remarquable : elle évite les obstacles et avale en vol des insectes qu'elle a repérés avec une précision diabolique. Son secret ? Le sonar dont cet étrange animal est doté.
Comme les dauphins dans l'eau, les chauves-souris émettent des sons dans l'air et elles en écoutent l'écho qui les renseigne et les guide. C'est ainsi que les chiroptères détectent, en plein vol et dans la nuit, les proies qu'ils gobent et reconnaissent la « voix » de leurs congénères en pratiquant l'écholocation, dont on ne sait pas ce qu'elle induit comme nature de message dans le cerveau de ces petits mammifères.
S'il est impossible d'imaginer leur univers mental, chez l'homme, l'écholocation commence à être mieux connue grâce aux rares humains qui la pratique. Ainsi, des chercheurs canadiens commencent à savoir ce qui se passe dans le cerveau de ces étonnantes personnes devenues aveugles et qui produisent des clics avec leur langue et en écoutent l'écho. Cela produit chez eux une image mentale décrite comme « des éclairs de lumière dans l'obscurité totale » qui leur permet de détecter ce qui se trouve dans une pièce. Toutefois, contrairement aux chauves-souris, ils ne peuvent pas suivre le mouvement d'un objet. Au moyen de la résonnance magnétique nucléaire, les scientifiques ont pu visualiser ce qui se passe dans le cerveau de deux aveugles experts en écholocation. Dans les deux cas, au cours d'un essai d'écholocation, ils ont eu la surprise de constater que les aires activées de leur cerveau n'étaient pas celles de l'audition, mais celles de la vision.
Cette expérience illustre l'extraordinaire plasticité du cerveau et elle offre d'intéressantes perspectives pour certains aveugles.

lever 06 h 32
coucher 21 h 36, - 2

vendredi 27

Nathalie
Martyre à Cordoue en 852 avec Aurèle, Félix, Liliose (ou Liliane) et Georges.

lever 06 h 34
coucher 21 h 35, - 2

samedi 28

Samson
Évêque de Dol-de-Bretagne, mort vers 565.

lever 06 h 35
coucher 21 h 34, - 2

dimanche 29

Marthe
Marthe de Béthanie, sœur de Marie-Madeleine et de Lazare, morte vers 84.

Semaine 30

juillet 2018

MOTS FLÉCHÉS

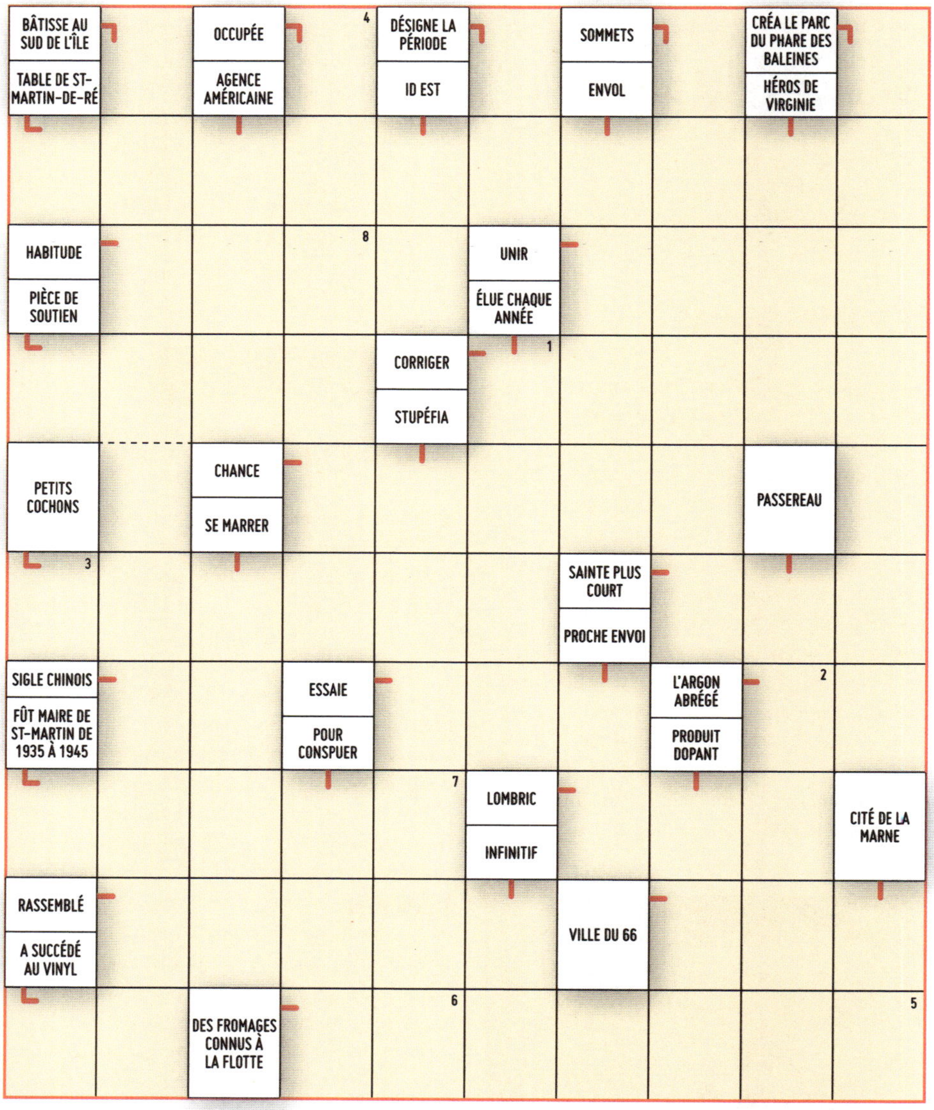

1 2 3 4 5 6 7 8

Maison proposant des expos à Ste-Marie-de-Ré.

lever 06 h 36
coucher 21 h 33, - 2

lundi 30

Juliette
Ou Julitte, martyre en Cappadoce en 303.

lever 06 h 37
coucher 21 h 31, - 2

mardi 31

Ignace de Loyola
Fondateur de la Compagnie de Jésus (les Jésuites), mort en 1556.

À VOUS DE JOUER ! *À vous de jouer !* À VOUS DE JOUER !

MOTS CROISÉS

HORIZONTALEMENT **1** Ancien ministre et président de l'assemblée nationale propriétaire dans l'île. Pour l'exakelvin. **2** Adoration. Pote. **3** Difficile. Association. **4** Singe-araignée. **5** Détesté. Berner. **6** État-major. Pronom personnel. Pour le millilitre. **7** Ville suisse. Brama. **8** Morceau de serrure. Succombé. **9** Résidence sociale à Bois-Plage.

VERTICALEMENT **1** « Le bistrot du... » à La Couarde. Ordinateur. **2** Troublé. Cité de l'Isère. **3** Vagabondai. Ethnie africaine. **4** Qui ne dit mot. Restaurant à Rivedoux « La case des... ». **5** Pour l'argon. Pronom personnel. **6** Solutions. Le pascal au labo. **7** Ville du Gard. Métro parisien. **8** Bouleversé. Toile de verre. **9** Actrice qui passe ses vacances à Portes.

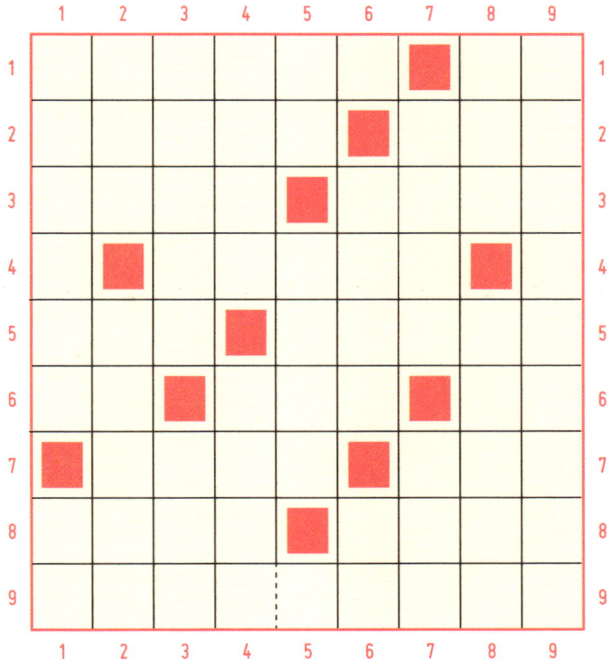

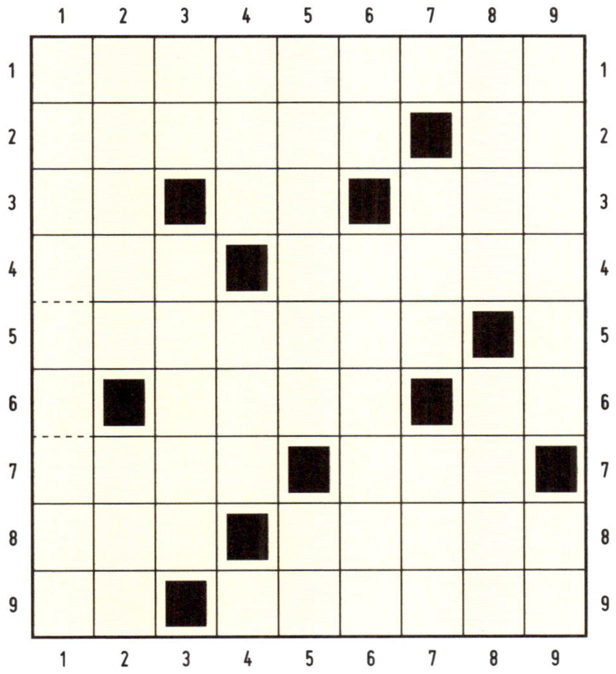

HORIZONTALEMENT **1** Lieu-dit à Loix. **2** Obnubilé. La tienne. **3** Union d'Europe. Soldat US. Pour du rabiot. **4** Rangement. Course à pied. **5** Valsées. **6** Firmament. Pour un oubli. **7** Centre nautique à Ars. Terre hors d'eau. **8** Pouffes. Double. **9** Union européenne. A été maire d'Ars-en-Ré jusqu'en 1996.

VERTICALEMENT **1** On y déguste à St-Martin des fruits de mer. **2** Endetta. Conteste. **3** Coutumes. Ancêtres péruviens. **4** Désert rocheux. Titre pour monsieur. **5** Publiée. Fleuve italien. **6** Équerre. Rassemblai. **7** Court. Matière à textile. **8** Pour soutenir. Paternel. **9** Superbe villa à La Flotte « Le moulin des... ». Pour relier.

Août 2018

Dédié à l'empereur Auguste, ce mois tire son nom du latin *Augustus*. Ce dernier ajouta un jour au mois d'août afin qu'il en compte autant que juillet, qui rend hommage à un autre empereur, Jules César. Mois des vacances et des étoiles filantes, mois de la chaleur et des fruits – le calendrier républicain l'avait renommé fructidor –, août est le mois des festivités aux quatre coins de la France.

Agenda

Les festivals :

Festival du Bout du Monde (29)
Musiques du monde, musiques métissées, premier week-end d'août, en presqu'île de Crozon.

Jazz à Vannes (56)
Musiques, Jazz, en plein air à Vannes.

Les Rendez-vous de l'Erdre (44)
Musiques, Jazz, Plaisance, patrimoine nautique de l'Erdre, fin août. (Nort-sur-Erdre, Petit Mars, Sucé-sur-Erdre, La Chapelle-sur-Erdre, Carquefou).

Festival interceltique de Lorient (56)
Musiques des pays et régions celtiques, début août, à Lorient.

Festival des Filets bleus (29)
Musiques, Folklore breton, fin août, à Concarneau.

Couvre-feu (44)
Musiques, rock, reggae, ska, métal, pop-rock, fin août, à Corsept.

Festival de Cinéma de Douarnenez (29)
Cinéma international, films souvent méconnus, à Douarnenez.

Festival itinérant de tango argentin (22)
Musiques, le tango sous toutes ses formes, festival itinérant

Le rendez-vous à ne pas manquer :

Locmiquélic
Cette charmante bourgade du bord de mer, au bord de la rade de Lorient, abrite, tous les ans, pour le 15 août, une sympathique fête de la Langoustine, avec ambiance bon enfant et chars loufoques… même si le port ne voit plus débarquer de langoustines, à ma connaissance, contrairement à Lesconil, en pays bigouden, qui accueille la même fête, à la même époque, mais sans les chars…

Les marchés en Loire-Atlantique :

Ancenis : marchés hebdomadaires, jeudi matin, place Saint-Pierre, samedi matin, rue du Pont

Arthon-en-Retz : marché hebdomadaire, mercredi matin

Asserac : marché hebdomadaire, mardi matin

Basse-Goulaine : marché hebdomadaire, mercredi matin, place du Grignon

Batz-sur-Mer : marché hebdomadaire, lundi matin ; juillet-août, vendredi matin

Besle-sur-Vilaine : marché hebdomadaire, samedi matin, place de l'Église

Blain : marché hebdomadaire, mardi matin, centre-ville

Bouaye : marchés hebdomadaires, jeudi matin, place du Marché, dimanche matin, place du Bois-Jacques

Bouguenais : marchés hebdomadaires, jeudi matin, place de la Chapelle, vendredi matin, place de l'Église

Bouvron : marché hebdomadaire, jeudi matin, place de la Minoterie

Candé : marché hebdomadaire, lundi matin, place du Marché

Carquefou : marché hebdomadaire, jeudi matin, place Mellay

Châteaubriant : marchés hebdomadaires, mercredi matin, centre-ville, samedi matin, place Ernest

Couëron : marchés hebdomadaires, jeudi matin, place Charles-de-Gaulle, samedi matin, quartier de la Chabossière

Derval : marché hebdomadaire, samedi matin

Frossay : marché hebdomadaire, jeudi matin, place de l'Église

Guémené-Penfao : marché hebdomadaire, vendredi matin, place de l'Église

Guérande : marché bihebdomadaire, mercredi matin et samedi matin, centre-ville

Herbignac : marché hebdomadaire, mercredi matin, autour de l'église

Indre : marchés hebdomadaires, jeudi matin, place Jean-Ligonday, Basse-Indre, dimanche matin, place Jean-Bordais

La Baule-Escoublac : marché quotidien, tous les matins sauf le lundi hors vacances scolaires, place du Marché ; marchés hebdomadaires, mardi matin et samedi matin, avenue Louis-Lajarrigue, lundi matin et jeudi matin, quartier du Guézy ; juillet-août, jeudi matin, avenue Louis-Lajarrigue

La Bernerie-en-Retz : marchés hebdomadaires, vendredi matin, les Halles ; du 15 juin au 15 septembre, mardi matin, les Halles

La Chapelle-Heulin : marché hebdomadaire, mercredi après-

Mes notes

midi de 15 heures à 19 h 30, parking de la Maison de l'Enfance

La Chapelle-Launay : marché hebdomadaire, vendredi après-midi de 16 heures à 19 heures, La Feuillée

La Chapelle-sur-Erdre : marché bihebdomadaire, vendredi matin et dimanche matin

La Montagne : marché hebdomadaire, mercredi matin, place Similien-Guérin

La Plaine-sur-Mer : marché en saison uniquement, dimanche matin

La Turballe : marché bihebdomadaire, mercredi matin et samedi matin, place du Marché ; juillet-août, tous les jours marché de poissons, Halles et port

Le Croisic : marché quotidien de poissons sauf le jeudi, place Donatien-Lepré ; marchés hebdomadaires, jeudi matin, place Dinan, les Halles ; juillet-août, mardi matin, les Halles

Le Pellerin : marché hebdomadaire, samedi matin, Halles

Le Pouliguen : marché quotidien, matin sauf le lundi hors saison, les Halles ; marchés hebdomadaires, mardi matin, place des Halles, vendredi matin et dimanche matin

Les Moutiers-en-Retz : marchés hebdomadaires, samedi matin, place de l'Église ; du 15 juin au 15 septembre, jeudi matin, place de l'Église

Les Sorinières : marché hebdomadaire, jeudi matin

Mesquer : juillet-août, dimanche matin

Nantes : marché quotidien, matin sauf le lundi, Marché de Talensac : marchés hebdomadaires, mardi matin, boulevard des Américains, place Jean-Massé, boulevard de la Liberté, mercredi matin, place Esnoult-des-Châtelets, place du Ralliement, jeudi matin, place du Bouffay, rue Chanoine-Poupard, place Garennes, place Zola, vendredi matin, place du Bouffay, rue de la Marrière, samedi matin, place du Bouffay, place de la Petite-Hollande, place des Dervallières, place des Tonneliers, dimanche matin, place du Bouffay

· CITATION · Tels les trois premiers jours d'août, tel le temps de l'automne.

NATURE

Les arbres fruitiers

C'est à la grande famille des rosacées qu'appartiennent bon nombre de nos arbres fruitiers. Nous avons l'habitude de les distinguer à pépins ou à noyaux, ce que confirme – dans d'autres termes – la classification botanique. Les pommiers (genre « Malus ») et les poiriers (genre « Pyrus ») relèvent de la même sous-famille des Maloideae. Les cerisiers et les pêchers appartiennent au même genre « Prunus » dont la caractéristique commune est le noyau des fruits. D'ailleurs au sens botanique, le véritable « fruit » est l'amande du noyau. Ce que nous consommons est une pulpe qui l'entoure…

CONSEIL DU JARDINIER

C'est le moment de semer en place les épinards et salades d'hiver, dans un coin un peu ombragé. Le mois d'août est la période favorable aux greffes en écusson, et aux boutures de tous les végétaux. Les professionnels du bouturage pourront multiplier leurs rosiers préférés en prélevant des bouts de tiges, avec trois rangs de feuilles, plantés dans un mélange de sable et de terreau. Tous les 5 ans environ, il faut penser à régénérer les rhizomes d'iris et d'hémérocalles, couper les feuilles, déterrer les rhizomes à la fourche bêche, sélectionner les parties les plus charnues, les couper et les remettre en terre. Les graines des annuelles seront récoltées et semées en place, elles fleuriront plus tôt au printemps prochain. On peut aussi laisser faire la nature…

JUSTE POUR RIRE

Une femme se regarde dans le miroir en disant à son mari :
— Je suis affreuse, j'ai énormément grossi. Chéri s'il te plaît, fais-moi un compliment…
— Bien sûr mon amour, tu as une très bonne vue !

lever 06 h 38
coucher 21 h 30, - 3

mercredi 1er

Alphonse
Alphonse-Marie de Liguori, évêque de Nocera (Italie), fondateur de la congrégation du Très Saint Rédempteur, mort en 1787.

lever 06 h 39
coucher 21 h 29, - 3

jeudi 2

Julien Eymard
Pierre-Julien Eymard, fondateur des Pères du Saint-Sacrement, mort en 1868 à La Mure, près de Grenoble.

• CITATION • À la saint Abel, faites vos confitures de mirabelles.

HISTOIRE

L'affaire Dominici

Dans la nuit du 4 au 5 août 1952, les Drummond, une famille anglaise composée des parents et de leur fille âgée de 10 ans, ont été assassinés à Lurs, sur les bords de la Durance, où les Anglais avaient fait étape. Tout près de là, la ferme de La Grand'Terre qui, en dépit de son nom, n'est qu'une petite exploitation tenue par un couple d'agriculteurs âgés, Gaston Dominici 75 ans et sa femme 73 ans, leur fils et son épouse ainsi que leur bébé. C'était le début de l'une des plus grandes affaires criminelles du XXe siècle, jamais vraiment élucidée en raison d'une omerta familiale. Après un interminable procès, elle s'est conclue par la condamnation à mort du « patriarche ». En 1957 le président de la République René Coty commua sa peine en détention, trois ans plus tard, à l'occasion du 14 juillet, le général de Gaulle le gracia et Gaston Dominici fut libéré. Il est mort en 1965 sans avoir rien révélé de ce qu'il savait.
En l'absence de preuves irréfutables, des rumeurs plus ou moins fantaisistes ont circulé. On a dit que l'anglais avait été éliminé par des maquisards locaux pour venger une bavure de la guerre où un parachutiste aurait été exécuté par erreur, on a évoqué un crime d'espionnage industriel à l'encontre de l'ingénieur Drummond… et du côté Dominici, on a parlé de vol crapuleux de délit sexuel qui aurait mal tourné ou d'un conflit à l'intérieur de la famille qui aurait dérapé…

LE SAVIEZ-VOUS ?

L'ODORAT DU SAUMON

En matière de dilution, l'on peut aussi s'étonner de l'hypothèse émise par les chercheurs pour expliquer comment le saumon perdu dans l'Atlantique est capable de retrouver la rivière où il est né, pour retourner y frayer. Il serait capable de reconnaître l'odeur des molécules d'eau de cette rivière diluées dans l'océan !

PERSONNAGE CÉLÈBRE

LA FIN D'UNE STAR

Dans la nuit du 4 au 5 août 1962, Marilyn Monroe meurt à l'âge de trente-six ans. Aujourd'hui on ne sait toujours pas comment est morte l'actrice américaine, suicide, surdosage accidentel de médicament, ou meurtre, le médecin légiste notera : « suicide probable ». C'est un photographe qui la « découvre » en juin 1945 alors qu'elle travaille dans une usine. Elle débute alors une carrière de mannequin, et fait sa première couverture de magazine en avril 1946. Elle sera engagée par la Fox l'année suivante sous le pseudonyme de Marilyn Monroe mais sa carrière ne débutera qu'à la fin 1950. Après avoir beaucoup joué la blonde stupide elle tournera quelques grands films dont Les Désaxés. Depuis la publication de Fragments en octobre 2010, compilation de ses écrits (lettres, poèmes ou notes de lecture), on sait qu'elle n'était pas la ravissante idiote de certains de ses films.

lever 06 h 41
coucher 21 h 27, - 3

vendredi 3

Lydie
Lydie de la Pourpre, disciple de saint Paul (Ier siècle).

lever 06 h 42
coucher 21 h 26, - 3

samedi 4

Jean-Marie Vianney
Curé d'Ars, mort en 1859.

lever 06 h 43
coucher 21 h 24, - 3

dimanche 5

Abel
Moine d'origine irlandaise, archevêque de Reims, abbé au monastère de Lobbes, en Belgique, mort vers 770.

Semaine 31

août 2018

• CITATION • À la saint Dominique, te plains pas si le soleil pique.

POUR TOUT SAVOIR

RINCE DU TABERNACLE

Au 24e degré, on explique au récipiendaire le système des deux principes de la divinité, figuré par une image appelée « le grand symbole de Salomon ». On y voit « les deux vieillards de la cabale, le Dieu de lumière et le Dieu de reflets, le miséricordieux et le cruel, le Jéhovah blanc et le Jéhovah noir ».

La franc-maçonnerie est-elle une société secrète ?

La franc-maçonnerie n'a, en réalité, jamais caché son existence, ni ses buts. Apparue en Écosse puis en Angleterre au XVIIe siècle, elle se définit comme un ordre initiatique essentiellement philosophique et philanthropique. Elle cherche, par la diffusion d'un enseignement ésotérique, sans dogmes, à faire progresser l'humanité. Ses membres sont encouragés à la bienfaisance et à l'amélioration spirituelle et morale.

Tout d'abord rattachée aux corporations de maçons, la franc-maçonnerie s'est donné des origines légendaires et symboliques remontant au temple de Salomon, aux pyramides égyptiennes ou aux bâtisseurs de cathédrales. Mais assez rapidement les loges regroupant quelques dizaines de membres n'eurent plus de liens avec le métier de maçon. Elles réunissaient des artisans, des petits commerçants et ressemblaient à des sociétés amicales de bienfaisance et d'entraide. C'est à Londres que, pour la première fois, elles se sont structurées en s'organisant en « obédiences » ou en « grandes loges » regroupant plusieurs loges. De là est née la maçonnerie conceptuelle ou philosophique qui s'est répandue en Europe.

POUR TOUT SAVOIR

MENER UNE VIE DE PATACHON

Une vie de patachon c'est une vie désordonnée voire une vie de débauche.
Au XIXe siècle, la diligence des pauvres se nommait la patache, et le patachon était le conducteur de cette patache.
De par son métier, il était toujours par monts et par vaux, et avait la réputation de boire dans chaque taverne où il s'arrêtait et de courir les filles sans vergogne. Il menait donc une vie de débauché.

NATURE

LE GEAI DES CHÊNES

Le geai des chênes est très reconnaissable grâce à son corps beige rosé et surtout à ses ailes d'un bleu vif rayé de noir. Véritable sentinelle, il pousse des cris rauques et alerte les autres oiseaux à l'arrivée d'un intrus. Son chant est varié et c'est un bon imitateur des autres oiseaux en particulier de la buse il paraît même qu'il est capable d'imiter le chat ou le cheval ! Même s'il affectionne particulièrement les glands des chênes qu'il cache pour l'hiver, il est omnivore, mange des fruits, des insectes et des campagnols et ne dédaigne pas les œufs et même les oisillons des passereaux, ce qui lui a valu une réputation de grand prédateur d'oiseaux.

lever 06 h 44
coucher 21 h 23, -3

lundi 6

Transfiguration

lever 06 h 46
coucher 21 h 21, -3

mardi 7

Gaétan
Gaétan de Thienne, en Italie, fondateur de l'ordre des Théatins, mort en 1547.

lever 06 h 47
coucher 21 h 20, -3

mercredi 8

Dominique
Dominique de Guzmán, fondateur de l'ordre des Frères prêcheurs, mort en 1221.

lever 06 h 48
coucher 21 h 18, -3

jeudi 9

Amour
Martyr en Franche-Comté au VIIIe siècle.

• CITATION • Si, le jour de sainte Claire, la journée est chaude et claire, comptez sur les fruits à couteau, à coup sûr ils seront beaux.

RECETTE

CHARLOTTE AUX FRAMBOISES ET FROMAGE BLANC

INGRÉDIENTS (POUR 4 PERSONNES) :

- 400 G DE FROMAGE BLANC (20 % OU 10 % DE MAT. GRASSE)
- UNE TRENTAINE DE BISCUITS À LA CUILLÈRE
- 4 CUILLERÉES À SOUPE DE SUCRE
- EXTRAIT DE VANILLE
- 500 G DE FRAMBOISES FRAÎCHES OU DÉCONGELÉES AU CHOIX, OU MÊME DE LA CONFITURE
- DU JUS DE FRAMBOISE, ON EN TROUVE DANS LE COMMERCE, ADDITIONNÉ OU NON DE LIQUEUR DE FRAMBOISE

NOTES

Mélanger le fromage blanc avec le sucre et l'extrait de vanille.
Dans un plat creux, mettre le jus de fruits et la liqueur.
Tremper un à un les biscuits, attention ils ne doivent pas être trop imbibés, et en tapisser le fond et les bords du moule.
Mettre la moitié du mélange à base de fromage blanc.
Mettre une couche de fruits (ou confiture), par-dessus ajouter une couche de biscuits et recommencer l'opération. Finir par une couche de biscuits.
Couvrir avec une assiette d'un diamètre un tout petit peu plus petit que le moule et mettre un poids dessus.
Mettre au frais une dizaine d'heures au moins.
Cette charlotte légère peut se faire avec beaucoup d'autres fruits ou confitures.

lever 06 h 49
coucher 21 h 17, - 3

vendredi 10

Laurent
Laurent de Rome, diacre et martyr à Rome en 258.

lever 06 h 51
coucher 21 h 15, - 3

samedi 11

Claire
Claire d'Assise, fondatrice de l'ordre des Clarisses, morte en 1253.

lever 06 h 52
coucher 21 h 14, - 3

dimanche 12

Clarisse
Abbesse du Saint-Mont, au VIIe siècle.

Semaine 32

août 2018

· CITATION · Quand mi-août est bon, abondance à la maison.

PERSONNAGES CÉLÈBRES

Les galériens

La galère, bateau de guerre à voiles et à rames, nécessite une équipe de 200 à 300 « rameurs » appelée la chiourme. Traditionnellement les galériens étaient en majorité des hommes libres, qui s'engageaient sur les galères poussées par la pauvreté. À leurs côtés il y avait des esclaves achetés principalement sur l'île de Malte, ils étaient appelés les galériens turcs quelle que soit leur origine réelle. En 1560, Charles IX instaure une peine de galère pour les criminels, mais ces galériens étaient une minorité. Sous Louis XIV la galère est déjà un bateau dépassé, mais il l'utilise comme outil de prestige et avec ses 40 galères il lui faut beaucoup de galériens… alors il va envoyer aux galères des dizaines de milliers d'hommes, même pour des délits mineurs. Après la révocation de l'édit de Nantes de nombreux protestants finiront aux galères. Les condamnés portent sur l'épaule droite une marque faite au fer rouge, ils sont regroupés dans des geôles avant de partir à pied, de tous les coins de France, vers Marseille. Ces cortèges d'hommes entravés s'appelaient les « chaînes », beaucoup mouraient en route. Lorsqu'ils n'étaient pas en mer les galériens travaillaient dans les ateliers de l'arsenal ou même en ville chez des artisans. Le 27 septembre 1748, Louis XV abolit l'institution des galères, les repris de justice sont désormais internés dans des prisons notamment à Toulon, dans ce qui va devenir le bagne de Toulon.

lever 06 h 53
coucher 21 h 12, - 3

lundi 13

Hippolyte
Théologien de renom, premier antipape, martyr à Rome en 235.

lever 06 h 54
coucher 21 h 10, - 3

mardi 14

Évrard
Eberhard, abbé bénédictin à Einsiedeln, en Suisse, mort en 958.

lever 06 h 56
coucher 21 h 09, - 3

mercredi 15

Assomption

lever 06 h 57
coucher 21 h 07, - 3

jeudi 16

Armel
Ou Arzel, né dans le Clamorgan, au pays de Galles. Fondateur de l'abbaye de Plouarzel, en Bretagne, mort en 570.

· CITATION · À la sainte Hélène, la noix est pleine et le cerneau se met dans l'eau.

CONSEIL DU JARDINIER

RÉCOLTER LES POMMES DE TERRE

Arracher les pieds à l'aide d'un croc à pommes de terre. Mettre de côté les tubercules qui ont été blessés afin de les consommer rapidement et veiller à ne pas en laisser dans le sol, sinon ils risquent de repousser au printemps. Mettre aussi de côté la grenaille (très petits tubercules) qui pourra être rissolée à la poêle au beurre ou à l'huile, sans être épluchée (seulement laver et frotter vigoureusement dans un torchon propre).
Laisser sécher les tubercules deux à trois heures (pas plus, sinon ils vont verdir et devenir toxiques) à même le sol par temps sec avant de les rentrer. Si le temps est humide, les rentrer sans attendre et les faire sécher à l'abri. Les étaler par petites couches dans un endroit obscur, mais aéré, dans un local le plus frais possible, mais à l'abri du gel (au-dessus de 8 °C). Supprimer les germes qui peuvent se former.
Il est possible d'en sélectionner comme plant (surveiller la germination).

RENOUVELER LES FRAISIERS

Cette opération est à faire tous les deux-trois ans entre août et octobre, le plus tôt étant le mieux. Si la terre est calcaire, incorporer des aiguilles de sapin ou de la terre de bruyère pour l'acidifier et fertiliser avec du compost ou du fumier composté. Piquer les nouveaux plants tous les 20 cm sur le rang afin de faciliter l'entretien.
Semer sous châssis des laitues d'hiver qui seront repiquées en septembre. Semer aussi la mâche, les laitues d'automne (scarole et chicorée frisée).
Ne pas hésiter à planter dans le potager quelques pieds de porcelle maculée et enracinée qui seront pris d'assaut l'été par des insectes auxiliaires utiles. Pour qu'elles ne soient pas envahissantes, les couper à environ 5 cm de hauteur (6-8 cm l'été).
Pour les prochaines potées fleuries, semer des pensées, pavots, giroflées et mufliers. Arroser et placer à l'ombre.

HISTOIRE

LE RETOUR DES FRANÇAIS D'ALGÉRIE

L'année 1962 marque le retour des rapatriés d'Algérie. Le rapatriement de 90 % des Français d'Algérie se fera dans les aéroports d'Orly ou de Marignane et au port de Marseille. Les premiers débarquent à Marseille en mars 1962, mais c'est surtout à partir de mai et juin que ces rapatriements seront importants, 225 000 arriveront en juin et rien que pour la journée du 25 juin, 10 500 rapatriés débarquent à Marseille. Début juillet 5 000 personnes en provenance de la région d'Oran débarquent au port de Toulon.
Selon la déclaration de Robert Boulin au Conseil des ministres du 22 août 1962 c'est plus de 500 000 rapatriés qui ont regagné la France entre le 1er janvier et le 1er août. Il y en aura 700 000 sur l'année 1962. Plus de 80 % de ces rapatriés étaient nés en Algérie et presque 1/3 n'étaient jamais venus en France.

lever 06 h 58
coucher 21 h 05, - 3

vendredi 17

Hyacinthe
Hyacinthe de Cracovie, dominicain polonais, mort en 1257.

lever 07 h 00
coucher 21 h 04, - 3

samedi 18

Hélène
Impératrice et mère de l'empereur Constantin, morte à Byzance en 329.

lever 07 h 01
coucher 21 h 02, - 3

dimanche 19

Jean Eudes
Fondateur de la Congrégation de Jésus et de Marie (Pères eudistes) et de l'institut Notre-Dame-de-Charité, mort en 1680.

Semaine 33

août 2018

• CITATION • Quand arrive la saint Bernard, si tu n'es pas en retard, ton blé n'est plus sous le hangar, et le moissonneur a sa part.

PATRIMOINE

Île d'Ouessant

Au large de la pointe de la Bretagne, l'île du bout de la France, du bout de l'Europe, presque le bout du monde, c'est Ouessant ! Frappée par des vents parfois très violents tel que le Fromveur, le Kornog ou le Gwarlam, l'île n'en possède pas moins un climat doux qui fait le bonheur de ses habitants. Un vieux dicton dit « qui voit Ouessant voit son sang », mais l'île est surtout surnommée « l'île des femmes » en référence aux épouses qui restaient à terre tandis que leurs marins de maris s'en allaient en mer pour des durées plus ou moins longues. Entre Manche et Atlantique, l'île d'Ouessant est un havre de paix que ses habitants chérissent tout particulièrement. C'est un mélange de petits hameaux avec leurs maisons blanches aux noires toitures, de plages de sable fin qui plongent dans un océan aux eaux turquoise, de falaises déchiquetées dont les écueils essaiment la côte, etc. Accessible par mer ou par les airs, l'île d'Ouessant est aussi un lieu de villégiature pour les colonies d'oiseaux migrateurs qui s'y reposent avant d'aller plus loin.

Office de tourisme Bourg de Lampaul
29242 Ouessant
Tél. : 02 98 48 85 83
Plus d'informations : www.ouessant.fr

lever 07 h 02
coucher 21 h 00, - 3

lundi 20

Bernard
Bernard de Clairvaux, fondateur de l'abbaye de Clairvaux, mort en 1153.

lever 07 h 03
coucher 20 h 58, - 3

mardi 21

Christophe
Martyr (probablement légendaire) en Lycie au IIIe siècle.

lever 07 h 05
coucher 20 h 57, - 3

mercredi 22

Fabrice
Fabricien, martyr en Espagne avec Philibert, vénéré à Tolède.

lever 07 h 06
coucher 20 h 55, - 3

jeudi 23

Rose de Lima
Sœur du Tiers-Ordre dominicain, morte en 1617. Première sainte des Amériques.

Recette

Artichauts farcis

Pour 4 personnes

- 4 artichauts
- 4 cuillerées à soupe d'huile d'olive
- 4 oignons moyens
- 1 feuille de laurier
- 2 pincées de thym
- 1 gousse d'ail écrasée
- 150 grammes de chair à saucisse
- 2 cuillerées à soupe de persil
- 2 biscottes écrasées
- Sel et poivre

Mettre à bouillir un grand volume d'eau salée et y plonger les artichauts pendant 25 minutes environ avec la feuille de laurier. Mettre de côté les fonds d'artichauts et gratter chaque feuille pour en récupérer la chair. Mélanger la chair à saucisse avec un peu d'huile, la chair récupérée des artichauts, le thym, l'ail coupé en petits morceaux, le persil et les biscottes préalablement réduites en poudre.
Peler et émincer l'oignon et le faire revenir à la poêle avec un petit peu d'huile. Mettre une couche d'oignons au fond d'un plat à gratin, déposer dessus les fonds d'artichauts et les recouvrir avec la farce. Couvrir le tout d'une feuille de papier d'aluminium et passer au four thermostat 210 °C pendant 1/2 heure. Arroser de temps en temps pour éviter le dessèchement puis servir bien chaud.

Histoire

Festival des Filets bleus à Concarneau (Morbihan)

Créée au tout début du XXe siècle, la fête des Filets bleus était alors une simple fête de solidarité avec les marins pêcheurs de Concarneau de l'époque, fortement affectés par la disparition de la sardine. Puis la fête est devenue festival, avec la mise en valeur des savoir-faire d'hier, des vieux métiers liés à la mer et à la terre, une parade nautique, des expositions de costumes… En bref, la promotion de la culture bretonne d'aujourd'hui. Les concerts mêlent les chants de marins au rock, les têtes d'affiche et les artistes en devenir.

Pour tout renseignement : Festival des Filets bleus
Rue du Saule
BP 518
29185 Concarneau Cedex
Tél. : 02 98 97 09 09
Courriel : filets.bleus@wanadoo.fr
Plus d'informations : www.festivaldesfiletsbleus.fr

lever 07 h 07
coucher 20 h 53, - 3

vendredi 24

Barthélemy
Bar-Tolmaï, ou Nathanaël, apôtre martyr en Arménie vers 71.

lever 07 h 09
coucher 20 h 51, - 3

samedi 25

Louis
Louis IX, roi de France.

lever 07 h 10
coucher 20 h 49, - 3

dimanche 26

Natacha
Natalie de Nicomédie, sainte très populaire dans l'Église orientale.

Semaine 34

août 2018

À vous de jouer ! À VOUS DE JOUER ! À vous de jouer

MOTS FLÉCHÉS

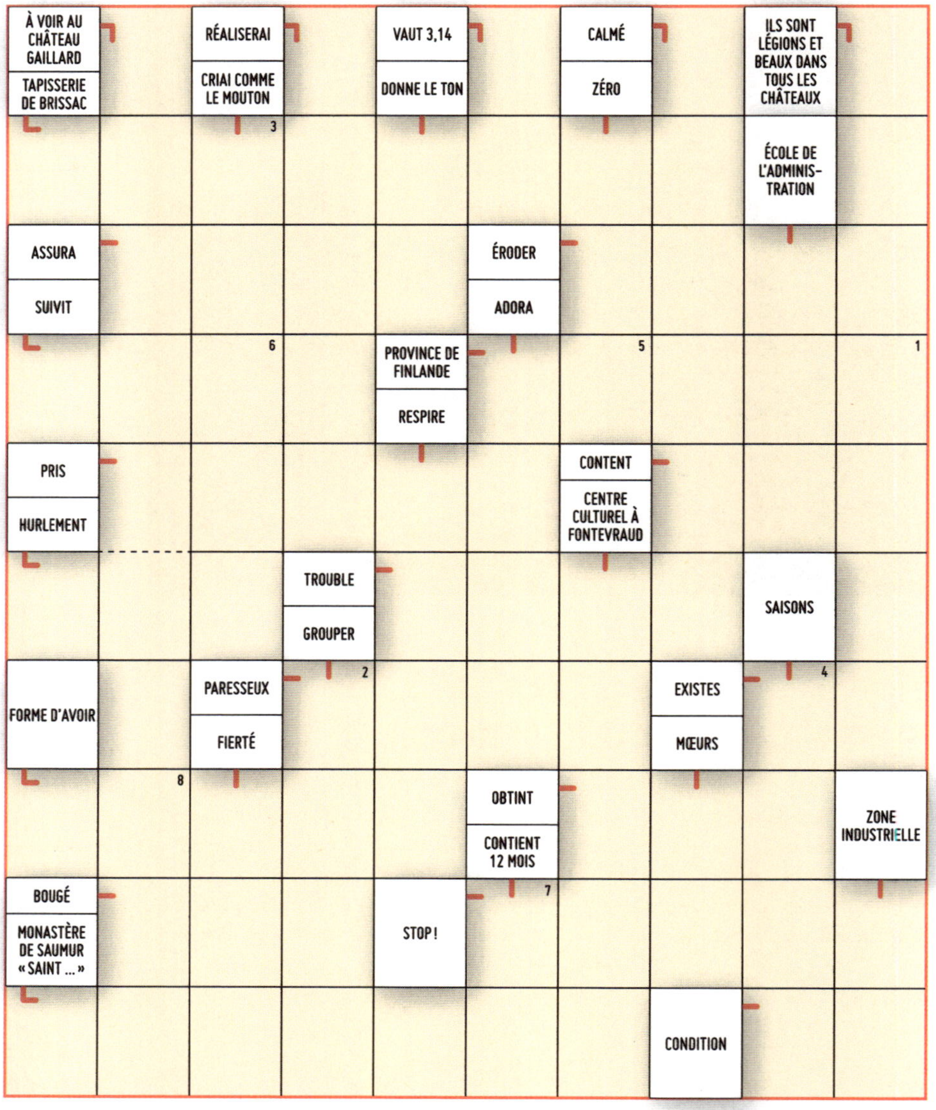

1 2 3 4 5 6 7 8

Fût le premier propriétaire du château de Gizeux.

lever 07 h 11
coucher 20 h 48, - 3

lundi 27

Monique
Mère de saint Augustin d'Hippone, morte en 387.

lever 07 h 12
coucher 20 h 46, - 3

mardi 28

Augustin
Évêque d'Hippone, docteur de l'Église, mort en 430.

lever 07 h 14
coucher 20 h 44, - 3

mercredi 29

Sabine
Martyre à Rome, personnage sans doute légendaire.

lever 07 h 15
coucher 20 h 42, - 3

jeudi 30

Fiacre
Fils d'un roi d'Écosse ou d'Irlande, ermite à Breuil, au pays de Meaux, mort vers 670.

MOTS CROISÉS

HORIZONTALEMENT **1** On le contemple au château Gaillard « Jardin ...no ». **2** Copine. Navré. **3** Quotient intellectuel. Équerre. Les siens. **4** Titre de la presse. Aurochs. **5** Aplatit. Négation. **6** Miroir. Secte. **7** Cité du Finistère. **8** Saison. Actes. **9** La sienne. Propriétaire tourangeau du château Plessis-lès-Tours sur la ville de La Riche.

VERTICALEMENT **1** Belle salle à voir au château du Clos Lucé. **2** Coupa. À toi. **3** Pouffé. Dresse. **4** Pour désigner un objet. Recueil de bons mots. **5** Obtins. Ancienne Allemagne. **6** Symbole du gadolinium. Nettoyai. **7** Dupe. Il a ses œuvres exposées au château de Saumur « Charles... ». **8** Glace anglaise. Pourvu. **9** Créateur de roses au château du Rivau. Pronom réfléchi.

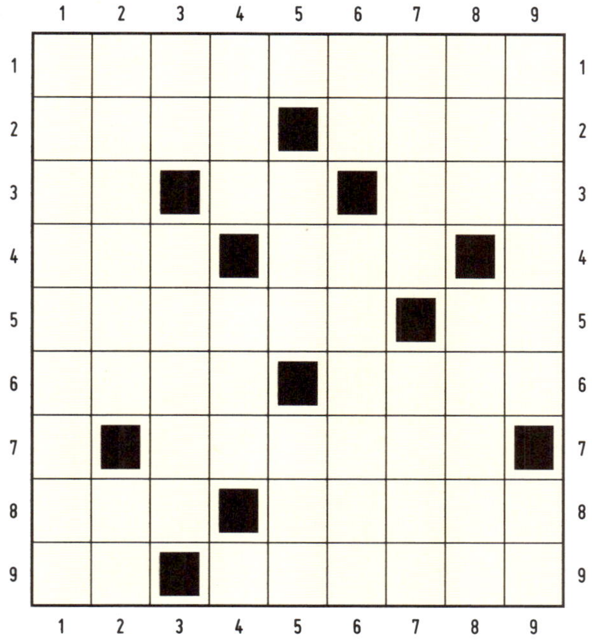

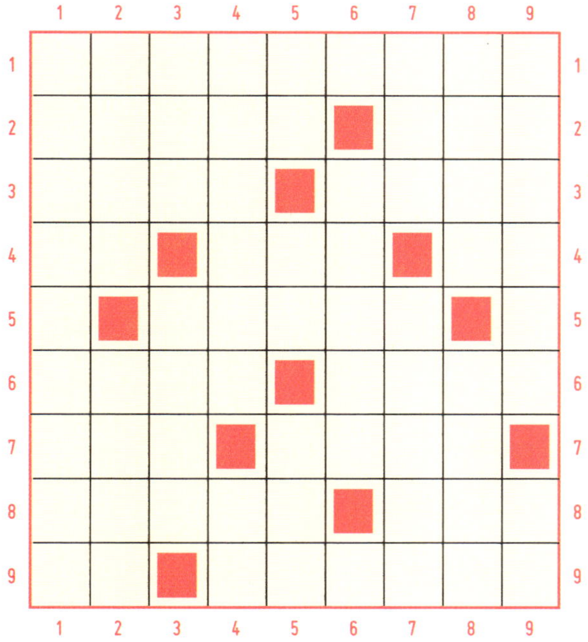

HORIZONTALEMENT **1** Il construisit au début du XVIe siècle le château d'Azay-le-Rideau. **2** Existait. À cet endroit. **3** Rangé. Métaux. **4** Équerre. Un ultime dix à la belote. Virtuose. **5** Sans quoi. **6** Bramas. Balles à rejouer. **7** Pomme. En direction de. **8** Pointai. Rongeur. **9** Demeures. Prieuré du château de Fontevraud « Saint ... ».

VERTICALEMENT **1** Chaptal la cultive au château de Chanteloup. **2** Humain. Mèches rebelles. **3** Trait lumineux. Es au courant. **4** Refroidis. Abrégé pour l'aluminium. **5** Haute tension. Désigne la période. Par. **6** Rase. **7** Dépôt de vin. Donjon du château de Langeais « Foulques... ». **8** Teinta d'ocre. Souverain russe. **9** Musée abrité par le château des Ducs de Bretagne. Règle.

Septembre 2018

Neuvième mois du calendrier utilisé aujourd'hui, septembre était le septième du calendrier romain, d'où son nom latin *september*, de *septem*, « sept ». Sous la Rome antique, quand mars était le premier mois de l'année, septembre en était le septième, dédié à Bacchus, dieu du Vin et de l'Ivresse, et à Vulcain, dieu du Feu et des Forgerons. Premier mois de l'automne et du calendrier scolaire, septembre profite encore de douces chaleurs et de longues journées pour faire les dernières récoltes, les plus abondantes, et préparer les réserves de l'hiver…

Agenda

Les festivals :

Au coin de ma rue
Spectacles et concerts de rue, à Romillé.

Festival Ilophone
Musiques, Artistes et styles variés, dans un cadre exceptionnel sur l'île d'Ouessant.

Bout'40 Festival
Musiques, Reggae, Dub, à Rétiers.

Les marchés en Loire-Atlantique :

Nort-sur-Erdre : marché hebdomadaire, vendredi matin, place du Champ-de-Foire

Nozay : marché hebdomadaire, samedi matin, centre-ville

Orvault : marché hebdomadaire, vendredi matin

Oudon : marché hebdomadaire, dimanche matin, place du Hâvre

Paimbœuf : marché hebdomadaire, vendredi matin

Piriac-sur-Mer : marchés hebdomadaires, mardi matin et samedi matin ; du 15 juin au 15 septembre, lundi matin et mercredi matin
Pont-Saint-Martin : marché bihebdomadaire, mardi matin et samedi matin, place du Marché

Pontchâteau : marché hebdomadaire, lundi matin de 9 heures à 13 heures

Pornic : marchés hebdomadaires, mercredi matin, rond-point de la Birochère, Sainte-Marie-sur-Mer - place de la Libération, jeudi matin, quartier Ville Haute - place des Halles, samedi matin, Sainte-Marie-sur-Mer - place de la Libération, La Birochère - rue des Lavandières, dimanche matin, quartier Ville Haute - place des Halles

Pornichet : marché quotidien, matin, sauf le lundi hors saison ; marchés hebdomadaires, mercredi matin et samedi matin, place du Marché, Sainte-Marguerite

Préfailles : marchés hebdomadaires, samedi matin, place du Marché ; en saison, mercredi matin et samedi matin, avenue de la Plage-Éric-Tabarly

Quimiac : marchés hebdomadaires, vendredi matin, place du Marché ; du 15 juin au 15 septembre, mardi matin

Rezé : marchés hebdomadaires, mardi matin, place du Pays-de-Retz, vendredi matin, Pont-Rousseau, dimanche matin, rue du Vivier

Saint-Aignan-de-Grandlieu : marché hebdomadaire, mardi matin

Saint-Brévin-les-Pins : marchés hebdomadaires, jeudi matin et dimanche matin, Les Pins, place Baslé, samedi matin, L'Océan, avenue du Président-Roosevelt ; du 15 juin au 15 septembre, mercredi matin, place de l'Hermitage

Saint-Étienne-de-Montluc : marché hebdomadaire, vendredi matin, autour de l'église

Saint-Herblain : marchés hebdomadaires, mardi matin et vendredi matin, place Denis-Forestier, mercredi matin, rue de la Branchoire, vendredi matin, place de l'Abbé-Chérel

Saint-Julien-de-Concelles : marché hebdomadaire, samedi matin, place de l'Europe

Saint-Michel-Chef-Chef : marchés hebdomadaires, mercredi matin, place de l'Église ; juillet-août, mardi matin et vendredi matin, place du Marché, samedi matin, place de l'Église ; hors saison, samedi matin, avenue de la Convention

Saint-Nazaire : marchés hebdomadaires, mardi matin, centre-ville, mercredi matin et samedi matin, Halles de Penhoët, mercredi matin, Boulletterie, jeudi matin, Pertuischaud, jeudi matin et dimanche matin, Saint-Marc, vendredi matin et dimanche matin, centre-ville

Saint-Père-en-Retz : marchés hebdomadaires, mardi matin, place du Champ-de-Foire, jeudi matin, place de l'Église

Saint-Sébastien-sur-Loire : marchés hebdomadaires, mardi matin, place Cambronne, jeudi matin, La Fontaine, vendredi matin, Le Douet

Sainte-Luce-sur-Loire : marché hebdomadaire, samedi matin, place du Général-de-Gaulle

Sainte-Pazanne : marchés hebdomadaires, mardi après-midi de 16 heures à 19 heures, Place de Retz, vendredi matin, place du 18-Juin

Sautron : marché hebdomadaire, dimanche matin

Savenay : marché hebdomadaire, mercredi matin, les Halles

Sucé-sur-Erdre : marché hebdomadaire, mardi matin

Thouaré-sur-Loire : marché hebdomadaire, mercredi matin

Treillières : marché hebdomadaire, jeudi matin, place de la Liberté

Vallet : marché hebdomadaire, dimanche matin

Varades : marché hebdomadaire, samedi matin, place de la Victoire

Vertou : marchés hebdomadaires, jeudi matin, Cale de Beautour, samedi matin et dimanche matin, place du Marc

Mes notes

• CITATION • Pluie de septembre, joie du paysan.

PATRIMOINE

Île d' Arz

Non loin de l'île aux Moines, l'île d'Arz est sensiblement de la même taille que sa voisine. Habitée depuis bien avant Jésus-Christ, elle vit défiler Celtes, Vénètes, Romains et Bretons qui venaient profiter de ses terres réputées fertiles. Avec l'essor du commerce maritime, les nombreux marins installés sur l'île y firent construire leur maison (on surnomma Arz « l'île aux capitaines »). Depuis 1790, elle est devenue une commune (comme l'île aux Moines) qui regroupe également la poignée d'îles ou d'îlots qui l'entourent. Dans le village, une église dont le clocher s'élance vers le ciel, repère visuel pour les marins autant que pour les touristes. Particularité d'architecture, le moulin à marée de Berno du XVIe siècle ; il a été entièrement restauré, c'est le seul de France à fonctionner encore comme du temps où il moulait les grains de l'île de ses pales entraînées par les courants de marée. À voir également, le prieuré du XVIIe siècle qui abrite aujourd'hui la mairie et l'école du village. Le chemin côtier qui fait le tour de l'île permet d'en apprécier les nombreux atouts, comme ses plages familiales et ses beaux points de vue sur la mer.

Mairie
Le Prieuré
56840 Île d'Arz
Tél. : 02 97 44 31 14
Plus d'informations :
www.tourisme-vannes.com/accueil/decouvrir-region/pays-vannetais/ile-dar

• CITATION • S'il fait beau à la saint Gilles, cela durera jusqu'à la saint Michel.

LE SAVIEZ-VOUS ?

JUSTE POUR JOUER

Quel festival de musique se déroule dans la commune de Bobital ?

a) Le festival du Bout du Monde

b) Le festival des Terres-Neuvas

c) Le festival des Vieilles Charrues

Réponse : b)

Comment se nomme la chaîne montagneuse située dans le Nord-Finistère ?

a) Les Montagnes Noires

b) Les monts d'Arrée

c) Les monts du Trégor

Réponse : a)

Le thé

Le thé est une boisson stimulante obtenue par infusion des feuilles séchées du théier. Cet arbuste originaire d'Extrême-Orient est taillé pour ne pas dépasser un mètre de haut afin de faciliter la cueillette des feuilles faite à la main, le plus souvent par des femmes. Les feuilles les plus jeunes sont vert clair, ce sont les plus riches en substance (caféine, tanin…) et celles qui fournissent la boisson la plus goûteuse et la plus raffinée. À l'extrémité des branches se trouve un bourgeon recouvert d'un duvet blanchâtre (le pekoe) particulièrement recherché. Plus on redescend sur la branche, plus les feuilles sont larges et moins la boisson sera savoureuse.

Le thé vert est un thé dont les feuilles sont le plus souvent flétries et chauffées à haute température, afin de neutraliser les enzymes responsables de l'oxydation.

D'origine chinoise, le thé jaune est le plus fin et le plus rare des thés. Très délicat, il subit une légère fermentation à l'étouffée. Seuls les bourgeons duveteux sont utilisés.

À l'instar du thé jaune, le thé blanc de Chine est très délicat, il ne subit qu'une très légère oxydation en surface. Les trois premières feuilles, dont le bourgeon, sont simplement flétries, puis séchées.

Les thés d'origines chinoise ou taïwanaise couramment appelés « Oolong » ou « Wulong » regroupent des thés semi-oxydés que l'on peut situer entre les thés verts et les thés noirs.

Les Chinois nomment thés rouges ce que les Occidentaux appellent thés noirs. La couleur rouge correspond en fait à celle de l'infusion et non à celle des feuilles.

Les thés post-fermentés ont la particularité de se bonifier avec le temps, leur âge est ainsi élément essentiel de leur prix. Ils ont un goût très particulier : terreux, évoquant le cuir, les feuilles humides ou les champignons. L'infusion est particulièrement âcre chez les thés jeunes (surtout pour les « cuits ») ; elle s'adoucit et s'enrichit en vieillissant.

Une fois les feuilles de théier préparées, des additifs peuvent être utilisés pour parfumer le thé avant son infusion. Cela peut être des fleurs (jasmin, rose), des essences (bergamote, citron) ou bien encore des épices (gingembre, cardamome, cannelle, poivre noir, clou de girofle, muscade).

Le thé noir est infusé dans une théière, avec une eau à 95 °C, de 30 sec à 5 min, suivant la qualité du thé. Le Oolong est infusé dans une eau à 95 °C, de 4 à 7 min. Le thé vert est infusé dans une eau moins chaude, entre 70 °C et 80 °C, pendant 2 à 3 min. Les thés jaunes ou blancs sont préparés de même, dans une eau de moins en moins chaude au fur et à mesure que la qualité du thé augmente.

Moins longtemps le thé infuse, plus il est un excitant. En effet, la caféine se diffuse lors de la première minute d'infusion, alors qu'après 3 à 5 min, ce sont les tanins qui sont libérés et qui neutralisent la caféine dans le tube digestif.

On prête au thé les vertus les plus variées. Il entretiendrait le système nerveux, préviendrait le développement du cancer (en raison des catéchines qu'il contient), ralentirait le vieillissement, favoriserait le drainage, éviterait les caries, fluidifierait le sang, contrôlerait l'hypertension… Toutefois, l'effet bénéfique d'une consommation régulière de thé n'a jamais pu être mis en évidence de manière probante. L'asepsie que procure l'eau bouillie lors de sa préparation expliquerait nombre des vertus attribuées au thé. Le thé reste néanmoins un élément essentiel de la phytothérapie chinoise et il est aujourd'hui la boisson la plus bue au monde après l'eau.

lever 07 h 18
coucher 20 h 38, - 3

samedi 1er

Gilles
Aegidius, ermite d'origine grecque près de Narbonne, mort vers 720.

lever 07 h 19
coucher 20 h 36, - 3

dimanche 2

Ingrid
Ingrid de Skänninge, princesse suédoise, première religieuse dominicaine de Suède, morte en 1282.

• CITATION • Pluie de la saint Grégoire, autant de vin en plus à boire.

LÉGENDES

Forêt de Paimpont

Cette fameuse forêt est une terre aux multiples légendes. La forêt de Paimpont, c'est la forêt de Brocéliande où vécurent Merlin l'enchanteur et la belle Viviane, le roi Arthur et les chevaliers de la Table ronde, la Dame blanche et bien d'autres personnages mythiques.
Lorsque la Bretagne était l'Armorique, le territoire des Gaulois, la forêt couvrait plusieurs dizaines de milliers d'hectares. Aujourd'hui, elle n'en fait plus « que » 7 000. Se promener dans la forêt de Paimpont, c'est découvrir des lieux magiques et enchantés. Ainsi, au nord, une ancienne allée couverte du néolithique au nom évocateur : le tombeau de Merlin, et non loin de là, la fontaine dite de Jouvence. Si la forêt contient évidemment de nombreux arbres, chênes, hêtres, bouleaux, etc., il en est un plus célèbre que les autres, c'est le vieux chêne du Guillotin (il aurait plus de 1 000 ans). La partie la plus connue de Paimpont, c'est le Val sans retour, à l'ouest de la forêt.
Ici plus qu'ailleurs l'étrangeté des lieux développe l'imaginaire de chacun : les légendes qui courent sur le lac aux fées, l'histoire bien réelle et malheureuse de l'incendie qui ravagea en 1990 une partie de ces bois. C'est suite à cet événement que l'artiste François Davin créa l'Or de Brocéliande, cet arbre doré à l'or fin qui rappelle les bois d'un cerf tournés vers le ciel. Tant de lieux qui sont chargés de l'histoire ou des histoires et qui font de la forêt de Paimpont un des lieux de visite incontournables de la Bretagne.

Plus d'informations : www.paysdemontfort.com

CONSEIL DU JARDINIER

Le cyprès est un arbre à feuilles persistantes, originaire des régions tempérées chaudes de l'hémisphère Nord. Il existe une vingtaine d'espèces de cyprès, souvent cultivées comme arbres d'ornement dans les parcs et jardins. Le cyprès est le symbole du deuil dans le monde méditerranéen, c'est donc l'arbre des cimetières provençaux. En Provence ils sont également utilisés comme haies coupe-vent. Les peintres les ont beaucoup représentés, à leur propos Van Gogh écrivait à son frère :
« Les cyprès me préoccupent toujours, je voudrais en faire une chose comme les toiles des tournesols, parce que cela m'étonne qu'on ne les ait pas encore faits comme je les vois. C'est beau comme ligne et comme proportions comme un obélisque égyptien. Et le vert est d'une qualité si distinguée. C'est la tache noire dans un paysage ensoleillé, mais elle est une des notes noires les plus intéressantes, les plus difficiles à taper juste, que je puisse imaginer. »

Van Gogh, « Champ de blé avec cyprès », 1890

lever 07 h 20
coucher 20 h 34, - 3

lundi 3

Grégoire
Grégoire le Grand, 64e pape, mort en 604. Célèbre pour avoir codifié les cantiques de messe et ainsi donné naissance au chant grégorien.

lever 07 h 21
coucher 20 h 32, - 3

mardi 4

Rosalie
Vierge qui mena une vie solitaire sur le mont Pellegrino, près de Palerme, en Sicile, morte en 1170.

lever 07 h 23
coucher 20 h 30, - 3

mercredi 5

Raïssa
Martyre à Alexandrie au IVe siècle.

lever 07 h 24
coucher 20 h 28, - 3

jeudi 6

Bertrand
Bertrand de Garrigues, un des premiers disciples et compagnons de saint Dominique, mort vers 1230.

• CITATION • À la sainte Reine, sème tes graines.

RECETTE

RECETTE

COPAINS COMME COCHONS

Cette expression étrange n'a rien à voir avec les petits cochons, elle découle de la déformation du mot « soçon », du latin socius qui signifie camarade.
On le trouve parfois dans des textes un peu anciens sous la forme « chochon ». Les « camarades comme soçon » sont devenus des « camardes comme cochons » (XVIe siècle) puis les camarades sont devenus des amis avant d'être des copains au XXe siècle.

FAR AUX PRUNEAUX PARFUMÉ À LA CANNELLE

POUR 4 PERSONNES

- 150 G DE PRUNEAUX DÉNOYAUTÉS
- 20 CL DE THÉ
- 4 ŒUFS
- 200 G DE FARINE TAMISÉE
- 80 G DE SUCRE SEMOULE
- 30 CL DE LAIT
- 20 G DE BEURRE
- 1 BÂTON DE CANNELLE
- 1 PINCÉE DE SEL
- 1 CUILLERÉE À SOUPE DE SUCRE GLACE

Tout d'abord, faire macérer les pruneaux dans un bol rempli de thé bien fort pour qu'ils soient imprégnés. Ensuite, faire bouillir le lait en y ajoutant le bâton de cannelle. Le laisser refroidir avec la cannelle puis le filtrer.
Dans une terrine, mélanger la farine et le sucre en ajoutant une pincée de sel. Faire une sorte de puits et y verser les œufs préalablement battus en omelette. Mélanger le tout en ajoutant petit à petit le lait afin d'obtenir une pâte liquide bien homogène. Mettre le four à préchauffer, thermostat 180 °C. Bien égoutter les pruneaux et en tapisser un moule à génoise beurré avant de verser par-dessus la pâte liquide. Faire cuire 45 minutes à 1 heure. Le sortir du four et saupoudrer le far de sucre glace avant de le servir tiède ou froid.

lever 07 h 25
coucher 20 h 27, - 3

vendredi 7

Reine
Se refusant à Olybrius, le préfet de la province, elle est martyrisée à Alésia, en Côte-d'Or, en 252.

lever 07 h 26
coucher 20 h 25, - 3

samedi 8

Nativité de Notre Dame

lever 07 h 28
coucher 20 h 23, - 3

dimanche 9

Alain
Alain de La Roche, dominicain fondateur de la confrérie du Psautier de la Vierge Marie, mort en 1475.

Semaine 36

septembre 2018

• CITATION • En septembre si tu es prudent, achète grains et vêtements.

PATRIMOINE

La légende du Mont-Saint-Michel

C'était au temps où le Mont n'était pas encore coupé de la terre par la mer. La légende raconte qu'une nuit de l'an 708, l'archange saint Michel apparut en songe à l'évêque d'Avranches, saint Aubert, et lui ordonna d'élever en son nom un sanctuaire sur le Mont Tombe. Méfiant, l'évêque préféra ignorer l'ordre céleste, d'autant plus que le rocher du Mont Tombe s'élevait alors au large de toute voie romaine, dans l'immense forêt de Scissy peuplée de loups et de bêtes sauvages. L'archange apparut une seconde fois mais l'évêque, terrifié, se contenta de prier et jeûner, sans s'exécuter. Saint Michel, courroucé, intervint à nouveau. Il brandit un doigt de flamme sur la tête de l'évêque incrédule et le frappa. L'empreinte de l'archange laissa une marque profonde, un véritable trou dans le crâne de l'évêque. C'est ainsi que, dans la sueur de l'effort et la liesse de la foi, saint Aubert construisit une chapelle au sommet du Mont Tombe qui devint le Mont-Saint-Michel.

LE SAVIEZ-VOUS ?

Y, LE VILLAGE AU NOM LE PLUS COURT

Le village d'Y (prononcer « i ») porte ce nom depuis 1241. Village rural picard, il se situe dans la région du Santerre-Vermandois, en pays Hamois dans le département de la Somme. Il compte une centaine d'habitants nommés les Upsyloniens.
Dans une charte de Radbod II, évêque de Noyon-Tournai de 1068 à 1098, le village d'Y apparaît sous la dénomination de « Lei ». Dans une autre charte, il porte le nom de « Hii » et s'appelle « i » dans un titre.

Après la commune d'Y dont le nom ne comporte qu'une lettre, plusieurs autres communes françaises ont un nom de seulement deux lettres : Ay (Marne), Bû (Eure-et-Loir), By (Doubs), Eu (Seine-Maritime), Fa (Aude), Gy (Haute-Saône), Oô (Haute-Garonne), Oz (Isère), Py (Pyrénées-Orientales), Ri (Orne), Ry (Seine-Maritime), Sy (Ardennes), Ur (Pyrénées-Orientales), Us (Val-d'Oise), Uz (Hautes-Pyrénées).

lever 07 h 29
coucher 20 h 21, - 3

lundi 10

Inès
Inès Takeya, martyre à Nagasaki en 1622.

lever 07 h 30
coucher 20 h 19, - 3

mardi 11

Adelphe
Troisième abbé du monastère du Saint-Mont, à Remiremont, mort vers 670.

lever 07 h 32
coucher 20 h 17, - 3

mercredi 12

Apollinaire
Apollinaire Franco et Thomas Zumarraga, dominicains martyrs au Japon en 1622.

lever 07 h 33
coucher 20 h 15, - 3

jeudi 13

Aimé
Ou Amé de Grenoble, ermite et premier abbé du monastère du Saint-Mont, à Remiremont, mort vers 629.

• CITATION • À la sainte Croix, cueille les pommes et gaule les noix.

Conseil du jardinier

Rhizomes d'iris

Diviser les iris tous les trois ou quatre ans. Déterrer la souche et couper des tronçons de rhizomes récents, les plus extérieurs, et munis chacun d'un ou deux départs de feuilles à raccourcir. Replanter les rhizomes à une autre place au soleil, en les recouvrant d'une faible épaisseur de terre enrichie de sable et de compost tamisé. Espacer les grandes variétés d'environ 40 cm.

Commencer la plantation des arbustes à feuilles persistantes (mahoni, fusain, buis, camélia, rhododendron...), ainsi que des conifères. À défaut d'eau de pluie, pour les arbustes de terre de bruyère (camélia, rhododendron…), acidifier l'eau du robinet en ajoutant dans l'arrosoir un jet de jus de citron, une cuillerée de vinaigre ou encore en y laissant macérer un petit sac de toile rempli de quelques poignées de terre de bruyère ou de tourbe.

Semer sous châssis les choux de printemps et repiquer les laitues d'hiver et les choux pommés rustiques pour le printemps. Sur les emplacements libres, semer de la phacélie, du seigle et de la moutarde qui seront enfouis là où seront faits les semis et les repiquages d'automne.

Œilletonner les artichauts : Dégager les pieds et prélever à la base les jeunes plants avec racines et feuilles. Planter ces œilletons par deux dans le même trou à 1 m en tous sens et dans une terre drainée, saine et copieusement enrichie de fumier.

Septembre est aussi le temps des greffes des fruitiers. Pour dépoussiérer les cactées sans se blesser, utiliser un sèche-cheveux sur la fonction « air froid » à une vingtaine de centimètres de la plante. Renouveler le geste au moins une fois durant l'hiver.

Recette

Confiture de rhubarbe

- 500 g de rhubarbe
- 500 g de sucre cristallisé

Laver les tiges de rhubarbe et les couper sans les éplucher. Les mettre dans un grand saladier, ajouter le sucre et laisser macérer pendant 12 heures environ. Verser le jus de cette macération dans une bassine à confiture et porter à ébullition à feu vif 10 minutes en remuant régulièrement. Faire ainsi réduire de moitié le sirop. Ajouter les morceaux de rhubarbe et laisser cuire doucement 20 à 30 minutes. Remuer souvent. Mettre en pots, fermer et les retourner sur un linge.

Juste pour rire

L'âge de ma mère

Un jour, un père dit à son fils :
« Tu sais, il fut un temps où j'étais deux fois plus vieux que ta mère. Bien sûr l'année d'après, je n'étais qu'une fois et demie plus vieux qu'elle. »
En supposant que le père a 44 ans, quel est l'âge de la mère ?

La mère a 43 ans. Quand le père avait 2 ans, sa femme avait 1 an. L'année suivante, le père avait 3 ans et elle 2. La mère a donc 1 an de moins que le père.

lever 07 h 34
coucher 20 h 13, - 3

vendredi 14

Sainte Croix

lever 07 h 35
coucher 20 h 11, - 3

samedi 15

Roland
Membre de la famille des Médicis, il se retira comme anachorète dans la forêt de Parme. Il mourut en 1386.

lever 07 h 37
coucher 20 h 09, - 3

dimanche 16

Édith
Édith de Barking, abbesse de Wilton, en Angleterre, morte en 984.

Semaine 37

septembre 2018

· CITATION · En septembre si tu es prudent, achète grains et vêtements.

PATRIMOINE

Saint-Aubin-du-Cormier

La bataille de Saint-Aubin-du-Cormier s'est tenue le 28 juillet 1488 entre les troupes du roi de France et celles du duc de Bretagne François II et ses alliés.
La défaite de ces derniers mit fin à la guerre féodale pendant laquelle des princes français profitaient d'une période de régence pour se révolter contre le pouvoir royal, défendu par Anne de Beaujeu (1461-1522) pour son frère Charles VIII (1470-1498).

On lit sur une plaque commémorative :
Evit ar 6 000 emganner
Brezhon a zo marvet
Aman, evit frankiz
Hag enor breizh

Aux 6 000 combattants bretons
Morts en ce lieu
Pour l'indépendance et l'honneur
De la Bretagne
Le 28 juillet 1488
Souvenons-nous !

Aux 3 500 combattants
Gascons, basques et espagnols
Qui versèrent en ce lieu
Leur sang pour la défense
De la nation bretonne

To the five hundred
English archers who
Shed their blood under
The order of Talbot
Earl of Scales

Aux 500 archers
Anglais qui versèrent
Leur sang
Sous les ordres de Talbot
Comte de Scales

Den 800 soldaten
Heiligen roemichen reich
Deutscher nation, die,
Hier, unter dem befehl
Von hauptmann bhler
Für die Bretagne fielen

Aux 800 soldats du
Saint empire, sous les
Ordres du capitaine
Bhler, qui succombèrent
Ici pour la Bretagne

lever 07 h 38
coucher 20 h 07, - 3

lundi 17

Renaud
Ermite disciple de Robert d'Arbrissel, retiré dans la forêt de Craon, en Mayenne, mort vers 1104.

lever 07 h 39
coucher 20 h 05, - 3

mardi 18

Nadège
Vierge martyre à Rome avec sa mère, Sophie, et ses sœurs, au IIe siècle.

lever 07 h 41
coucher 20 h 03, - 3

mercredi 19

Émilie
Marie-Émilie de Rodat, fondatrice des Sœurs de la Sainte-Famille, morte à Villefranche-de-Rouergue en 1854.

lever 07 h 42
coucher 20 h 01, - 3

jeudi 20

Davy
John Davy, chartreux anglais martyrisé à Londres sous le règne d'Henri VIII, en 1537.

• CITATION • À la sainte Croix, cueille les pommes et gaule les noix.

POUR TOUT SAVOIR

LE GRAND MENHIR BRISÉ D'ER GRAH

C'est dans le Morbihan, sur la commune de Locmariaquer, que l'on trouve le plus grand menhir d'Europe. À terre, celui-ci est brisé en 4 parties. Lorsqu'il était debout, cette masse (estimée) de plus de 300 t mesurait presque 20 m de hauteur sur 3 m de largeur. Il est composé d'orthogneiss, une roche que l'on ne trouve qu'à une dizaine de kilomètres de là, on imagine donc difficilement comment les hommes de l'époque, vers le milieu du ve millénaire avant J.-C., ont pu acheminer un tel monstre sur cette terre. On ne sait pas non plus déterminer dans quelles circonstances le menhir s'est retrouvé à terre. Tremblement de terre ? Abattu par l'homme pendant une quelconque guerre ou conquête de territoire ? Le mystère reste entier.
Sur ce site mégalithique d'Er Grah se trouve également la Table des marchands, une tombe à couloir doublée d'une chambre funéraire qui formaient à l'origine un cairn. L'ensemble est long d'environ 12 m, le couloir mesure 7 m sur une hauteur de plus de 1 m. La chambre polygonale mesure plus de 2 m de hauteur.

Pour tout renseignement : Office de tourisme de Locmariaquer, Crac'h et Saint-Philibert
1, rue de la Victoire
56740 Locmariaquer
Tél. : 02 97 57 33 05
Courriel : info@ot-locmariaquer.fr
Plus d'informations : www.ot-locmariaquer.com

RECETTE

MAQUEREAUX À LA FONDUE DE POIREAUX

POUR 4 PERSONNES

- 4 MAQUEREAUX
- 2 DL DE VIN BLANC SEC
- 4 À 5 POIREAUX SELON LEUR GROSSEUR
- 80 G DE BEURRE
- 3 C. À SOUPE DE CRÈME FRAÎCHE ÉPAISSE
- SEL, POIVRE

Bien laver les poireaux et en retirer le vert et les feuilles extérieures. Les détailler en rondelles fines et les mettre à fondre dans le beurre dans une cocotte à feu moyen. Bien remuer, saler et poivrer, et laisser cuire 20 minutes.
Pendant ce temps, essuyer les maquereaux, les aligner dans un plat à gratin et préchauffer le four à 180 °C (th. 6).
Une fois que les poireaux sont fondus, ajouter la crème fraîche, bien mélanger et verser cette préparation sur les maquereaux. Arroser avec le vin blanc. Couvrir le plat d'une feuille d'aluminium et enfourner 25 min environ : retirer l'aluminium au bout de 15 minutes de cuisson.
Servir directement dans le plat très chaud.

lever 07 h 43
coucher 19 h 59, - 3

vendredi 21

Matthieu
Collecteur d'impôts dans la région de Capharnaüm, apôtre, évangéliste et martyr.

lever 07 h 44
coucher 19 h 57, - 3

samedi 22

Maurice
Martyr avec Exupère et Candide, militaires romains martyrisés à Agaune, dans le Valais suisse, vers 287.

lever 07 h 46
coucher 19 h 55, - 3

dimanche 23

Constant
Sacristain de l'église d'Ancône, en Italie, au ve siècle.

Semaine 38

septembre 2018

MOTS FLÉCHÉS

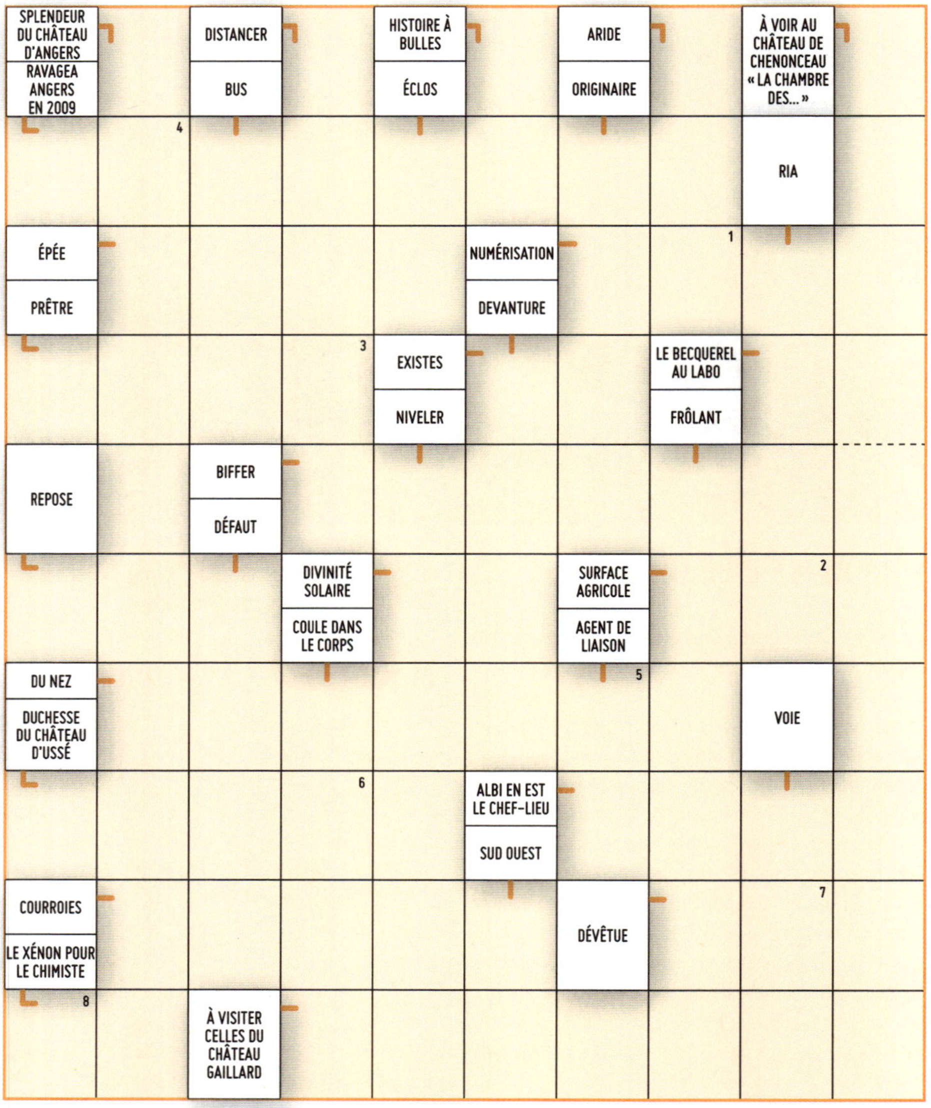

1 2 3 4 5 6 7 8

On en trouve un peu partout dans les châteaux.

lever 07 h 47
coucher 19 h 53, - 3

lundi 24

Thècle
Vierge de la région d'Iconium jetée aux fauves sous le règne de Néron, au Ier siècle.

lever 07 h 48
coucher 19 h 51, - 3

mardi 25

Hermann
Hermann le Boiteux, surnommé « Contract » en raison de ses handicaps physiques, fut l'un des plus grands savants de son temps. Il mourut en 1054.

lever 07 h 50
coucher 19 h 49, - 3

mercredi 26

Côme, Damien
Frères, selon la légende, médecins martyrs à Cyr, en Syrie, au IIIe siècle.

lever 07 h 51
coucher 19 h 47, - 3

jeudi 27

Vincent de Paul
Fondateur des Confréries de Charité, de la congrégation de la Mission et des Filles de la Charité, mort en 1660.

MOTS CROISÉS

HORIZONTALEMENT 1 Vin à déguster au château de Gizeux. 2 Rôder. Écrivain « Edgard... ». 3 Général sudiste. Lac. 4 Cale en V. Érodât. 5 Va en justice. Songea. 6 Imprévu. Cité de la Marne. 7 Guetter. Pour un oubli. 8 Renvoi. Tamise. 9 Agent de liaison. Propriétaire actuel du château de Chenonceau.

VERTICALEMENT 1 Terrasse commune à beaucoup de châteaux. 2 Lisières. Vase. 3 Taureau sauvage. Dissimule. 4 Sous le mi. Rivière du Congo. 5 Volontés. Crochet. 6 Pesa. Période. 7 Surprend. Lettre grecque. 8 Atome. Fût propriétaire du château d'Azay en 1751. 9 Il réalisa nombre de photos sur le château de Chenonceau. Infinitif.

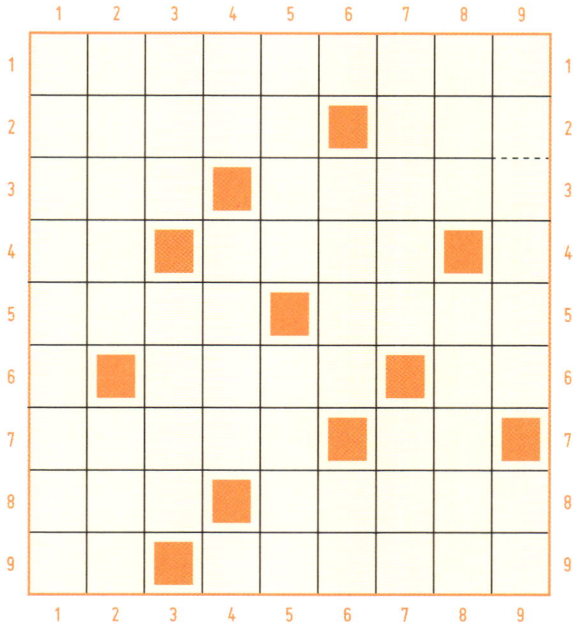

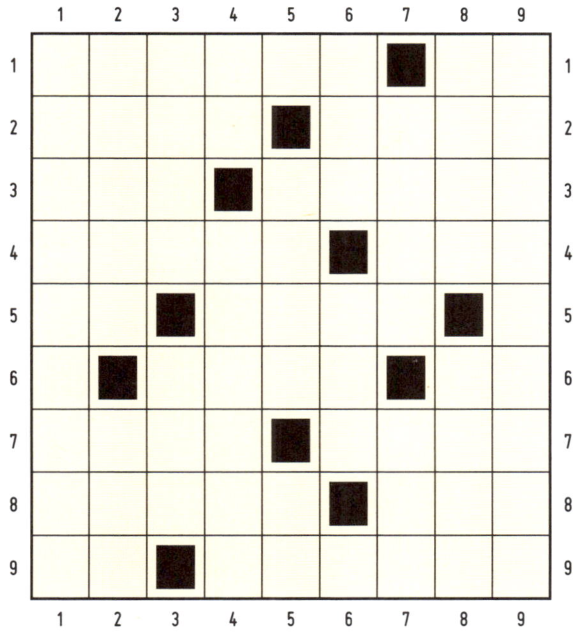

HORIZONTALEMENT 1 Lieu du château des Ducs de Bretagne. Vaut 3, 14. 2 Enlevai. Liquidât. 3 Hurlement. Il a construit le château de Brissac au XIe siècle « Foulques... ». 4 Sucée. Fleuve africain. 5 Mœurs. Bolet. 6 Fût malicieux. Le fer au labo. 7 Multitude. Petit homme. 8 Machine. Monnaie du Japon. 9 Pronom réfléchi. Ville où se situe le château du Rivau.

VERTICALEMENT 1 Types de fêtes au château du Rivau. 2 Foyers chauds. Titre de presse. 3 Apparaît. Désert rocheux. 4 Le titane plus court. Échec. 5 Écloses. Négation. 6 Sainte abrégé. Morceau. 7 Boîte à bulletins. Enzyme. 8 Mise. Hautain. 9 Type de jardin à visiter au château Gaillard.

lever 07 h 52
coucher 19 h 45, - 3

vendredi 28

Venceslas
Duc de Bohême assassiné par son frère Boleslas en 929.

lever 07 h 54
coucher 19 h 43, - 3

samedi 29

Michel, Gabriel
Michel, Gabriel et Raphaël, archanges.

lever 07 h 55
coucher 19 h 41, - 3

dimanche 30

Jérôme
Né en Dalmatie, il étudia à Rome et y fut baptisé. Père et docteur de l'Église, il mourut vers 420.

Semaine 39

***septembre* 2018**

Octobre 2018

Dans le calendrier romain, octobre était le huitième mois de l'année, d'où son nom latin *october*, issu du chiffre huit, *octo*. Comme les mois de septembre, novembre et décembre, octobre a conservé son nom dans le calendrier grégorien, mais a changé de place. Le calendrier républicain mis en place à la Révolution, qui se référait aux changements climatiques et à la nature, situait octobre entre vendémiaire, mois des vendanges (22 septembre - 21 octobre), et brumaire, mois des brumes (22 octobre - 20 novembre), indiquant parfaitement les douceurs et les brutalités d'octobre.

Agenda

Les marchés dans le Finistère :

Audierne : marché bihebdomadaire, mercredi matin et samedi matin

Bannalec : marché hebdomadaire, mercredi matin, centre-ville

Bénodet : marché hebdomadaire, lundi matin

Brasparts : juillet-août, dimanche matin de 9 heures à 13 heures

Brest : marchés hebdomadaires, lundi matin, sous les auvents des Halles, mardi matin, marché couvert des producteurs, Saint-Marc, place Simon, rue Amiral-Linois, 4 moulins, avenue du Polygone, rue Sébastopol, mercredi matin, Pontanézen, rue Degas, Saint-Pierre, place du Bourg, jeudi matin, Bellevue, avenue de Tarente, Keredern, rue Paul-Dukas, vendredi matin, Lambezellec, place FFI, centre-ville Liberté, samedi matin, 4 moulins avenue du Polygone, dimanche matin, Siam-Saint-Louis, Trez-Hir

Briec : marché hebdomadaire, vendredi matin ; 1er mardi matin du mois

Brignogan : juillet-août, vendredi matin

Camaret : 3e mardi matin du mois

Carantec : marché hebdomadaire, jeudi matin

Carhaix : marché hebdomadaire, samedi matin ; marché du Kreiz Breizh, dimanche

Châteaulin : marché hebdomadaire, jeudi matin

Châteauneuf : 3e et 5e mercredis matin du mois

Cléden-Cap-Sizun : 4e jeudi matin du mois

Cléder : marchés hebdomadaires, vendredi matin, place Charles-de-Gaulle ; juillet-août, dimanche matin, port de Kerfissien

Clohars-Carnoët : marché hebdomadaire, samedi matin

Commana : en été, jeudi de 17 heures à 20 heures, rue de Landivisiau

Combrit : marché hebdomadaire, mercredi matin

Concarneau : marché bihebdomadaire, lundi matin et vendredi matin, place Jean-Jaurès

Crozon : en été, 2e et 4e mercredis matin du mois, place Charles-de-Gaulle

Daoulas : marché hebdomadaire, dimanche matin

Douarnenez : marché quotidien, matin, les Halles ; marché hebdomadaire, lundi matin, place des Halles ; juillet-août, mardi de 17 heures à 21 h 30, marché nocturne autour des Halles

Ergué-Gabéric : 3e mardi matin du mois

Fouesnant : juillet-août, marché de Beg-Meil le mercredi, parking de Kervastard

Guerlesquin : marché hebdomadaire, lundi matin

Guilliers : 1er et 3e mercredis matin du mois

Guipavas : marché hebdomadaire, mercredi après-midi de 16 heures à 20 heures, place Saint-Éloi

Hanver : 2e jeudi matin du mois

Henvic : marché hebdomadaire, mercredi de 17 heures à 20 heures

Huelgoät : 1er et 3e jeudis matin du mois

Kerlouan : juin à septembre : jeudi matin

La Forêt-Fouesnant : marché hebdomadaire, dimanche matin, place de la Baie

Lampaul-Guimiliau : 2e dimanche matin du mois

Landerneau : marché hebdomadaire, samedi matin

Landivisiau : marché hebdomadaire, mercredi de 7 heures à 17 heures, place Jeanne-d'Arc

Landunvez : marché hebdomadaire, mercredi, cale d'Argenton

Lanmeur : marché hebdomadaire, vendredi matin

Lannilis : marché hebdomadaire, mercredi matin

Le Conquet : marché hebdomadaire, mardi matin

Le Faou : dernier samedi matin du mois

Le Guilvinec : marché hebdomadaire, mardi matin

Le Relecq-Kerhuon : marché bihebdomadaire, mardi matin et jeudi matin

Lesconil : marché hebdomadaire, mercredi matin

Lesneven : marché hebdomadaire, lundi matin

Locquirec : marché hebdomadaire, mercredi matin, place du Port

Loctudy : marché hebdomadaire, mardi matin

Lopérec : juillet-août, dimanche matin de 9 heures à 13 heures

L'Île-Tudy : marché hebdomadaire, lundi matin

Melgven : marché hebdomadaire, samedi matin

Moëlan-sur-Mer : marché hebdomadaire, mardi matin

Morgat : en été, 1er, 3e et 5e mercredis matin

Morlaix : marché hebdomadaire, samedi toute la journée, centre-ville

Névez : marché hebdomadaire, samedi matin

Penmarch : marché hebdomadaire, mercredi matin

Plabennec : marchés hebdomadaires, mardi matin et vendredi matin, vendredi après-midi de 16 heures à 20 heures au champ de foire

Pleyben : marché hebdomadaire, samedi matin ; 2e mardi matin du mois

Pleyber-Christ : 2e vendredi matin du mois, place de l'Église

Plobannalec-Lesconil : marché hebdomadaire, mercredi matin

Plogoff : marché hebdomadaire, vendredi matin

Plogonnec : marché hebdomadaire, samedi matin

Plomeur : marché hebdomadaire, samedi matin

Plomodiern : juillet-août, vendredi matin
Plonéour-Lanvern : 1er, 3e et dernier vendredis matin du mois
Plonévez-du-Faou : 2e vendredi matin du mois
Ploudalmézeau : marché hebdomadaire, lundi matin
Plouescat : marché hebdomadaire, samedi matin
Plougasnou : marché hebdomadaire, mardi matin, place du Général-Leclerc
Plougastel-Daoulas : dernier jeudi matin du mois
Plogonnec : en été, mercredi à partir de 19 heures, centre-bourg
Plougonvelin : marché hebdomadaire, dimanche matin
Plouguerneau : marché hebdomadaire, jeudi matin
Plouhinec : marché hebdomadaire, dimanche matin
Plouigneau : marché hebdomadaire, dimanche matin de 9 heures à 12 h 30, place de la Mairie
Plouzané : marché hebdomadaire, mercredi matin, place du Marché
Plozevet : 1er lundi matin du mois
Pont-Aven : juillet-août, mardi matin, sur le port
Pont-Croix : marché hebdomadaire, jeudi matin ; juillet-août, mardi soir, marché du terroir
Pont-l'Abbé : marchés hebdomadaires, jeudi de 8 h 30 à 15 h 30, place de la République, jeudi matin, place Gambetta
Porspoder : dernier vendredi matin du mois
Primelin : marché hebdomadaire, jeudi matin
Quimper : marchés hebdomadaires, mercredi matin, près de la cathédrale, place Victor-Schoelcher, dimanche matin, Braden
Quimperlé : marché hebdomadaire, vendredi matin
Riec-sur-Bélon : marché bihebdomadaire, mercredi matin et samedi matin, place Yves-Loudoux
Roscoff : marché hebdomadaire, mercredi matin, quai d'Auxerre
Rosporden : marché hebdomadaire, jeudi matin
Saint-Évarzec : marché hebdomadaire, samedi matin de 9 heures à 13 heures, place de l'Église
Saint-Jean-du-Doigt : marché hebdomadaire, jeudi matin, place du Bourg
Saint-Guénolé-Penmarch : marché hebdomadaire, vendredi matin
Saint-Martin-des-Champs : marché hebdomadaire, dimanche matin
Saint-Nic : marché hebdomadaire, jeudi matin
Saint-Pol-de-Léon : marché hebdomadaire, mardi de 8 heures à 17 heures, places de l'Évêché, de Guébriant et du Parvis
Saint-Renan : marché hebdomadaire, samedi matin
Santec : en été, vendredi à partir de 17 heures
Scaer : marché hebdomadaire, samedi matin
Sizun : marché hebdomadaire, mercredi matin
Telgruc-sur-Mer : marché bihebdomadaire, mardi matin et vendredi matin
Tréboul : marché quotidien, matin, place des Frères-Kérivel ; marché bihebdomadaire, mercredi matin et samedi matin, place des Frères-Kérivel
Treffiagat : marché hebdomadaire, samedi matin
Trégunc :
marchés hebdomadaires, mercredi matin, place de l'Église ; du 15 juin au 15 septembre, vendredi de 16 h 30 à 20 heures, Saint-Philibert, dimanche matin, pointe de Trévignon

Mes notes

· CITATION · Octobre ensoleillé, décembre emmitouflé.

POUR TOUT SAVOIR

La châtaigne

La châtaigne est le fruit comestible du châtaignier. Le marron est une châtaigne qui répond à des critères de belle forme : le fruit est gros, rond et non cloisonné, un seul fruit s'est développé par bogue et il n'y a pas de repli de la peau à l'intérieur de la chair. Il ne doit cependant pas être confondu avec le marron d'Inde que l'on appelle aussi couramment « marron » et dont les amandes sont toxiques (elles contiennent des saponines, de l'amidon, ainsi que des glucosides), donc non comestibles. On distingue une châtaigne d'un marron d'Inde grâce à la queue de la châtaigne (la « torche ») que l'on ne trouve pas sur un marron d'Inde, mais aussi à leur bogue : celle de la châtaigne est marron lorsqu'elle est mûre et couverte de fins piquants, alors que celle du marron d'Inde est lisse et hérissée de pointes. Les marrons que l'on peut trouver en ville sont très souvent des marrons d'Inde. Par conséquent, lorsque l'on déguste des marrons glacés ou de la crème de marrons, on mange de la châtaigne. La châtaigne fut longtemps la base de l'alimentation humaine dans des régions entières. On appelait, d'ailleurs, le châtaignier « l'arbre à pain » mais aussi « l'arbre à saucisses », car les châtaignes servaient également à l'alimentation des porcs. De nombreuses variétés de châtaignes sont cultivées pour répondre aux besoins de la confiserie ou de la conserve. Les fruits les plus gros ne sont pas forcément les meilleurs. Le critère de choix primordial pour acheter une châtaigne de qualité est avant tout sa variété. La consommation de châtaignes fraîches est essentiellement saisonnière, elles sont commercialisées de la fin du mois de septembre au début du mois de février de l'année suivante.

Comment les choisir : Veiller à ce que l'écorce des châtaignes soit bien brillante et à ce que le fruit soit bien plein. Comment les conserver : La châtaigne peut se conserver plusieurs jours dans un endroit frais et deux à trois semaines dans le bac à légumes du réfrigérateur.

Comment les préparer : L'amande de la châtaigne est enveloppée d'une écorce brune et d'une fine peau amère qu'il convient de retirer. Avant de faire griller les châtaignes dans une poêle spéciale (trouée) ou bien au four durant une vingtaine de minutes, il suffit de pratiquer une petite entaille dans le fruit. Pour faire cuire les châtaignes à l'eau, inciser le fruit d'un bord à l'autre de la lunule (partie claire de l'écorce), en passant par la pointe. Mettre les châtaignes à cuire dans une casserole d'eau froide. Compter 3 min à partir de l'ébullition avant de passer les fruits sous un jet d'eau froide. Une simple pression du doigt suffira pour dégager le fruit de ses deux peaux. Puis, poursuivre la cuisson à l'eau pendant une quinzaine de minutes.

Les châtaignes peuvent accompagner un plat. Mises à cuire entières (déjà blanchies) autour d'un rôti de veau ou de porc, elles vont confire lentement (les arroser régulièrement avec le jus). Elles accompagnent aussi à merveille le boudin (blanc ou noir). En purée, les châtaignes s'associent idéalement à un civet de lièvre ou de sanglier ou encore à un gibier rôti.

lever 07 h 56
coucher 19 h 39, - 3

lundi 1er

Thérèse de l'Enfant-Jésus
Thérèse de Lisieux, docteur de l'Église, morte en 1897.

lever 07 h 57
coucher 19 h 37, - 3

mardi 2

Léger
Évêque d'Autun torturé puis assassiné vers 679 par Ébroïn, maire du palais du roi de Neustrie Théodoric.

lever 07 h 59
coucher 19 h 35, - 3

mercredi 3

Gérard
Fondateur de l'abbaye de Brogne, près de Namur, en Belgique, mort en 959, travailla à restaurer la discipline monastique en Flandre et en Lotharingie.

lever 08 h 00
coucher 19 h 33, - 3

jeudi 4

François d'Assise
Fondateur de l'ordre des Frères mineurs, mort en 1226. En se faisant pauvre, il attira à lui et rassembla des compagnons, les Frères mineurs.

• CITATION • À la saint Serge la charrue en terre, pour niveler les taupinières.

RECETTE

SIROP DE MÛRES

POUR 1 KG DE MÛRES

- 30 CL D'EAU
- 160 G DE SUCRE POUR 100 G DE JUS OBTENU

Trier et équeuter les mûres en prenant soin d'enlever toutes les impuretés.
Peser pour obtenir 1 kg de fruits ou adapter les proportions.
Disposer les mûres dans un récipient et ajouter 30 cl d'eau. Laisser tremper une nuit.
Écraser ensuite les fruits au pilon. Verser le tout dans un torchon étalé dans une passoire posée sur un saladier. Laisser égoutter 30 minutes. Nouer le torchon et presser pour extraire le maximum de jus.
Peser le jus et le verser dans une bassine à confiture. Ajouter 160 g de sucre pour 100 g de jus. Chauffer doucement pour dissoudre le sucre. Porter à ébullition 5 à 6 minutes.
Écumer et mettre le sirop encore chaud en bouteille. Boucher seulement lorsque le sirop a refroidi.

Remarque : récolter les fruits en septembre et en octobre. Les mûres sont à la fois les fruits du roncier sauvage et ceux du mûrier.

LE SAVIEZ-VOUS ?

À côté de ses inspirations vestimentaires, la bardane possède de nombreuses vertus ce qui en fait une plante médicinale de tout premier plan. Ses fruits préparés en décoction apaisent les maux d'estomac. Mais c'est surtout sa racine, préparée fraîche en décoction à raison de 50 grammes par litre d'eau, qui a une action dépurative reconnue, favorisant l'élimination des toxines du foie et des reins. On lui attribue aussi la propriété d'abaisser la glycémie, ce qui justifierait de l'utiliser en cas de diabète. En usage externe, son action est efficace sur les affections de la peau, notamment l'acné. On retrouve cette plante dans un grand nombre de formules de lotions capillaires de l'herboristerie traditionnelle, car l'huile extraite de sa racine freine la chute des cheveux et prévient donc la calvitie.

lever 08 h 01
coucher 19 h 31, - 3

vendredi 5

Fleur
Fleur de Beaulieu, religieuse hospitalière dans le Quercy, morte en 1347.

lever 08 h 03
coucher 19 h 29, - 3

samedi 6

Bruno
Fondateur des Chartreux, né à Cologne, mort en 1101 dans un ermitage, près du monastère de La Torre, en Calabre.

lever 08 h 04
coucher 19 h 27, - 3

dimanche 7

Serge
Officier de l'armée de l'empereur Maximien, martyr en Syrie avec son compagnon Bacchus, vers 300.

Semaine 40

octobre 2018

POUR TOUT SAVOIR

Quelques jumelages de Lorient

C'est en 1983 que Lorient et Vigo, en Espagne, ont traduit leur amitié naissante par un pacte de jumelage. Situé dans la communauté autonome de Galice, en Espagne, Vigo est installé sur les bords de l'Atlantique, à quelques kilomètres de la frontière portugaise. Balnéaire, la ville attire de nombreux touristes, notamment grâce à la proximité des îles Cies qui lui font face, dans le parc national des îles atlantiques.

C'est en 1974 que Lorient s'est rapproché de l'Irlande et a signé un pacte de jumelage avec la ville de Galway. Située dans la province de Connacht, dans le comté de Galway, sur la côte ouest de l'Irlande, la ville compte 75 000 habitants. Elle est surnommée la « ville des tribus », en référence aux quatorze tribus qui se partageaient la ville à l'époque anglo-normande (les familles Athy, Blake, Bodkin, Browne, D'Arcy, Deane, Ffont, Ffrench, Joyce, Kirwan, Lynch, Martyn, Morris et Skerritt).

Pour tout renseignement sur les jumelages de Lorient : Mairie de Lorient
2, boulevard Leclerc
BP 30010
56315 Lorient Cedex
Tél. : 02 97 02 22 00
Courriel : communication@mairie-lorient.fr
Plus d'informations : www.lorient.fr

EXPRESSION

FAIRE UN BŒUF

Aujourd'hui un bœuf est une forme de concert, surtout dans la musique jazz, où des musiciens, qui n'ont pas forcément l'habitude de jouer ensemble, se regroupent et improvisent des morceaux divers. Les musiciens de jazz ont l'habitude de faire des improvisations, appelées « jam session » ou plus brièvement jam. En France, vers 1925, dans le 8e arrondissement de Paris, c'est au « Bœuf sur le toit » que le jazz américain fit son apparition, on allait donc faire une jam au « Bœuf sur le toit » ce qui s'est rapidement transformé en « aller faire un bœuf

LE SAVIEZ-VOUS ?

LA PERLE

Sous l'effet d'une irritation, l'huître sécrète sa matière perlière dans une poche sphérique. Après quelques années, les couches de matière perlière forment la perle.

Caractéristiques : Le lustre est le jeu de lumière engendré par les fines lamelles qui recouvrent la perle - L'orient est la lueur irisée qui semble venir de l'intérieur de la perle - Le grain est l'unité de poids de la perle qui est de 0,05 g, soit 2 carats - Perle fine : cette perle née d'une irritation naturelle de l'huître est constituée jusqu'en son centre de la matière perlière en couches concentriques donnant ainsi naissance à la perle de culture - Perle d'imitation : elle est entièrement fabriquée par l'homme. Elle est constituée d'un noyau de verre spécial recouvert de plusieurs couches d'un vernis à base d'écailles de poissons.

lever 08 h 05
coucher 19 h 25, - 3

lundi 8

Pélagie
Pélagie la Pénitente, martyre à Antioche vers 302.

lever 08 h 07
coucher 19 h 23, - 3

mardi 9

Denis
Denis, évêque de Paris, subit le martyre avec le prêtre Rustique et le diacre Éleuthère, sans doute sous la persécution de Valérien, en 258.

lever 08 h 08
coucher 19 h 22, - 3

mercredi 10

Ghislain
Abbé près de Mons, mort vers 680.

lever 08 h 10
coucher 19 h 20, - 3

jeudi 11

Firmin
Originaire de Narbonne, disciple, ami et biographe de saint Césaire, mort en 553. À l'âge de 22 ans, il succède à son oncle comme évêque d'Uzès.

• CITATION • Saint Wilfrid ensoleillé, deux jours plus tard emmitouflé.

RECETTE

GÂTEAU AU CHOCOLAT

INGRÉDIENTS POUR 8 PERSONNES

- 200 G DE CHOCOLAT À CUIRE
- 110 G DE BEURRE
- 200 G DE SUCRE EN POUDRE
- 2 CUILLERÉES À SOUPE DE FARINE
- 1 CUILLERÉE À SOUPE D'AMANDES EN POUDRE
- 6 ŒUFS

Faire chauffer le four à 200°.
Faire fondre doucement le chocolat en morceaux avec le beurre (micro-ondes ou bain-marie). Dès que le chocolat est fondu, ajouter le sucre en poudre, la farine et la poudre d'amandes. Bien mélanger. Casser les œufs en séparant les blancs des jaunes. Ajouter les jaunes à la préparation, mettre une pincée de sel et battre les blancs en neige bien ferme. Introduire doucement les blancs en neige à la préparation.
Verser dans un moule beurré et fariné. Faire cuire 15 à 20 minutes, le gâteau ne doit pas être trop cuit.

lever 08 h 11
coucher 19 h 18, - 3

vendredi 12

Wilfried
Archevêque d'York, mort en 709.

lever 08 h 12
coucher 19 h 16, - 3

samedi 13

Géraud
Ou Gérault, ou Gérard, comte d'Aurillac, fondateur de l'abbaye d'Aurillac, mort en 909.

lever 08 h 14
coucher 19 h 14, - 3

dimanche 14

Juste
Juste de Rochester, archevêque de Cantorbéry, mort en 632.

Semaine 41

octobre 2018

· CITATION · Si octobre est chaud, février sera froid.

Conseil du jardinier

Nourrir les rosiers en apportant dans la terre du fumier décomposé ou déshydraté, ainsi qu'un engrais de fond, organo-minéral d'action progressive, du type NPK 5-4-10. Si la terre est sableuse, apporter préalablement du terreau ou du compost, si elle est trop argileuse, du sable grossier et du compost, et si elle est acide, du soufre, du terreau de feuilles, de la tourbe.

Conserver des semences de citrouilles, de tomates, de courgettes ou encore de haricots en les laissant sécher sur un papier absorbant après les avoir nettoyées. Les laisser sécher quelques jours et les glisser dans une enveloppe sur laquelle sera indiqué le nom des graines. Enfermer les enveloppes dans une boîte en fer qui sera conservée dans une pièce fraîche, mais sèche.

Butter le plus haut possible et pailler les poireaux. Protéger les artichauts dans une cage de grillage remplie de feuilles mortes (sauf sur le dessus). Les carottes de garde peuvent rester au potager, mais s'il y a un risque de gel, les pailler légèrement avec des frondes de fougères aigle par exemple. Attention aux campagnols.
Ramasser et brûler les feuilles mortes malades des fruitiers (vignes, poiriers…). Semer des oignons blancs hâtifs pour une récolte à la fin de l'hiver.

À ne pas manquer

Quai des Bulles de Saint-Malo (Ille-et-Vilaine)

Le festival de Quai des Bulles à Saint-Malo, c'est un peu le modeste petit frère du festival d'Angoulême. Chaque année, de nombreux auteurs proposent des séances de dédicaces, tandis que débats, expositions, projections en VO et rencontres avec les auteurs font l'animation. À Saint-Malo, on décerne les prix du Bonnet d'âne, celui du Petit Robert (attribué au meilleur scénariste) et celui du Ballon rouge (qui distingue un auteur prometteur). Et, surtout, on se balade, on découvre, au fil des stands et des rencontres, là une BD, là un livre pour enfants… Il y en a pour tous et pour tous les goûts.
Pour tout renseignement : Association Quai des Bulles
39, rue du Levant
BP 40652
35400 Saint-Malo cedex
Tél. : 02 99 40 39 63
Courriel : festivalbd@orange.fr
Plus d'informations : www.quaidesbulles.com

lever 08 h 15
coucher 19 h 12, - 3

lundi 15

Thérèse d'Ávila
Réformatrice du Carmel et docteur de l'Église, morte en 1582.

lever 08 h 16
coucher 19 h 10, - 3

mardi 16

Edwige
Hedwige, née en Bavière, mariée à Henri le Barbu, duc de Silésie et de Pologne, puis religieuse à Trzebnica, morte en 1243.

lever 08 h 18
coucher 19 h 09, - 3

mercredi 17

Baudouin
Archidiacre de Laon, assassiné en 679 par des hommes d'Ébroïn, maire du palais du roi de Neustrie.

lever 08 h 19
coucher 19 h 07, - 3

jeudi 18

Luc
Apôtre mort vers 74. Converti, il devint disciple de saint Paul. Ils évangélisèrent la Grèce et se rendirent à Rome.

• CITATION • Pour la saint René, des vêtements chauds tu remets.

HISTOIRE

OUTRAGES AUX AGENTS
- Mais, m'sieu le président, elle a dit comme ça : « Si vous travailliez, au lieu d'être sergents de ville, vous ne seriez pas si gras » (n° 112, 23 mai 1903)

Disparition de L'Assiette au beurre

L'Assiette au beurre était un journal illustré français ouvert aux dessinateurs satiriques. Dans cette revue s'exprimaient, parfois de façon violente, toutes les révoltes de l'époque, elle s'adressait essentiellement à la bourgeoisie aisée, située politiquement à gauche. Chaque numéro, composé de 16 dessins ou caricatures en pleine page du même artiste, avait un thème précis et l'illustrateur choisi devait assurer l'intégralité de la publication. Remarquable par la qualité de ses illustrations, L'Assiette au beurre fut un laboratoire extraordinaire par la nouveauté de son graphisme et de ses dessins en couleurs. Ce périodique a permis à beaucoup de caricaturistes de débuter dont Félix Vallotton, qui s'y fit une renommée, quelques artistes confirmés participèrent aussi à cette aventure dont Poulbot, célèbre pour ses gamins de Paris. Chacune des publications représente un véritable album de l'illustrateur concerné. L'Assiette au beurre fit paraître 593 numéros entre le 4 avril 1901 et le 15 octobre 1912, avant de disparaître pour faillite de son propriétaire.

NOTES

lever 08 h 21
coucher 19 h 05, - 3

vendredi 19

René
René Goupil, martyr à Ossernenon, au Canada, en 1642.

lever 08 h 22
coucher 19 h 03, - 3

samedi 20

Adeline
Petite-fille de Guillaume le Conquérant, sœur de saint Vital, abbesse de Mortain, en Normandie, morte en 1125.

lever 08 h 23
coucher 19 h 02, - 3

dimanche 21

Céline
Mère de saint Rémi de Reims, au Ve siècle.

Semaine 42

octobre 2018

· CITATION · Souvent à la saint Florentin, l'hiver laisse son chemin.

PATRIMOINE

L'île aux Moines

Avec sa superficie de 7 kilomètres de long sur 5 de large, l'île aux Moines n'est pas la plus petite des îles du golfe du Morbihan. Elle est située à 500 mètres seulement de Port Blanc et de son embarcadère et se visite assez aisément en une journée, de préférence à pied ou en vélo (des loueurs de bicyclettes sont présents sur le petit port qui accueille les visiteurs). La promenade permet de découvrir dans un premier temps les maisons fleuries et la petite église de la commune. Au sortir du village, il ne faut pas hésiter à donner un bon coup de pédale car l'île est loin d'être plate. Au détour des collines qui constituent un paysage en forme de croix, le visiteur découvrira des plages de sable fin et des vestiges mégalithiques, présents nombreux sur l'île. En breton, on l'appelle Izenah et l'origine de son nom vient des moines de l'abbaye de Saint-Sauveur de Redon, bien qu'aucun d'entre eux n'ait habité en ces lieux. Jusqu'au XIXe siècle, l'île était réputée pour ses talentueux capitaines de marine mais aujourd'hui, elle vit essentiellement du tourisme.

Mairie
Rue de la Mairie
56780 Île aux Moines
Tél. : 02 97 26 32 61
Plus d'informations :
www.tourisme-vannes.com/accueil/decouvrir-region/pays-vannetais/ile-aux-moines

lever 08 h 25
coucher 19 h 00, - 3

lundi 22

Élodie, Salomé
Élodie et Nunilon, martyres à Cordoue en 851. Salomé la Myrophore, épouse de Zébédée, mère des apôtres Jacques et Jean.

lever 08 h 26
coucher 18 h 58, - 3

mardi 23

Jean de Capistran
Prêtre de l'ordre des Mineurs, mort en 1456 au couvent d'Újlak, sur la rive du Danube, en Hongrie.

lever 08 h 28
coucher 18 h 56, - 3

mercredi 24

Florentin
Moine écossais du VIIe siècle qui s'installa à Bonnet, dans la Meuse.

lever 08 h 29
coucher 18 h 55, - 3

jeudi 25

Crépin
Crépin et son frère Crépinien, cordonniers martyrs à Soissons en 285.

• CITATION • Octobre au coin du feu, fait venir le leu.

TRADITION

La fête d'Halloween

Le 31 octobre, c'est « Halloween » ou veille de la Toussaint. Les origines de la fête d'Halloween remontent à la nuit des temps, si bien qu'il est difficile d'en retrouver les origines exactes. Elle remonterait avant le début de notre ère à la fête celtique de Samain, puis elle s'est enrichie au cours des siècles de croyances provenant de la Rome antique, de l'Europe du Nord et d'Irlande. Au XIXe siècle, sous l'influence des Irlandais, la fête a été importée aux États-Unis où celle-ci est devenue très populaire, avant de revenir récemment vers le vieux continent européen avec une connotation clairement commerciale. En France, Halloween n'avait pas cessé d'être fêté dans des régions comme l'Alsace ou la Lorraine.

L'année gauloise se terminait à la fin de l'été, ce jour correspond aujourd'hui au 31 octobre. À cette date, la légende veut que les fantômes des morts se mêlent aux vivants. Une des croyances associées à cette fête est de laisser de la nourriture aux portes des villages et de l'offrir aux fantômes afin d'apaiser leurs esprits. Les Celtes croyaient que les mauvais esprits profitaient des nuits, plus longues à la morte-saison, pour venir tourmenter les vivants.

Le point commun à toutes ces croyances est à la fois une célébration de la fin de la période des récoltes ainsi que l'annonce de l'hiver.

Les couleurs d'Halloween sont le noir de la nuit et de la mort et l'orange des premières lueurs de l'aube et de la citrouille.

Au fil du temps, cette tradition s'est transformée en une fête pour les enfants. Ce jour-là, ils se déguisent sur le thème de l'épouvante : costumes de fantôme, lutin, chauves-souris, Dracula, monstre de Frankenstein, sorcière… Le soir, les enfants vont de porte à porte et, par la formule « Trick or Treat ! » (« Un mauvais tour ou une douceur ! »), ils obtiennent bonbons et chocolats.

À Halloween, la tradition est aussi de sculpter une citrouille en forme de tête effrayante.

HISTOIRE

LA BELLE JARDINIÈRE

Le 25 octobre 1824, à Paris, Pierre Parissot, marchand de tissus du faubourg Saint-Antoine, ouvrait dans l'île de la Cité un magasin de vêtements « tout fait » à prix fixe. Ce magasin allait bouleverser le commerce des vêtements, qui jusqu'à cette date, étaient faits sur mesure par des couturières. Le succès de cette enseigne fut très rapide et en 1867, La Belle Jardinière s'installait dans de vastes immeubles construits par Blondel et ouvrait des succursales en province, dont une à Marseille rue Saint-Ferréol. Précurseur du prêt-à-porter, il le fut aussi pour la vente par correspondance en présentant des catalogues illustrés de ses différents produits qu'on pouvait commander par correspondance. La Belle Jardinière fait de nombreuses publicités pour promouvoir ses produits, elle offre même des cartes postales « souvenir de la Belle Jardinière ». Dans son autobiographie Si le grain ne meurt, André Gide raconte que sa mère lui avait acheté un costume de pâtissier pour le carnaval et arrivé au bal costumé, il retrouva une vingtaine de petits pâtissiers identiques, venus tout droit de La Belle Jardinière…

lever 08 h 31
coucher 18 h 53, - 3

vendredi 26

Dimitri
Demetrius ou Démétrios, martyr à Sirmium en Dalmatie sous Dioclétien, au IVe siècle.

lever 08 h 32
coucher 18 h 51, - 3

samedi 27

Émeline
Religieuse au monastère de Boulancourt, à Longeville-sur-la-Laines, en Haute-Marne, morte en 1178.

lever 08 h 33
coucher 18 h 50, - 3

dimanche 28

Simon, Jude
Simon le Cananéen, ou Simon le Zélote, et Jude, ou Thaddée, apôtres.

Semaine 43

octobre 2018

MOTS FLÉCHÉS

- AGENCE DE VOYAGES À LA FLOTTE
- GLACE DE LA MARTINIÈRE
- ORGANE DU CORPS
- LUSTRE
- RAPPORT
- MALAXÉE
- CRIÉ COMME UN ÉLÉPHANT
- POUR UN INTIME
- SOUS LE LA
- RÉFUTA
- RAPIDE
- PÉNURIE
- CANTON SUISSE
- OBTENUE
- FÛT LE 1ER MAIRE DE RIVEDOUX QU'IL DIRIGEA JUSQU'EN 1965
- STYLE DE MUSIQUE
- EUROPÉEN
- PRONOM RÉFLÉCHI
- CONDITION
- CRIÉ TEL UN LION
- EN LOMBARDIE
- ACIDE
- NOUER
- HAUT BATIMENT
- L'ARGON PLUS COURT
- BONHOMME
- ENLEVÉE
- PETIT DE L'ÂNE
- DIFFUSÉ
- COURONNE DANOISE
- PEINTRE QUI A SON ATELIER À RIVEDOUX
- POUR IDEM
- HÔTEL DE BOIS-PLAGE
- LIER
- HURLEMENT
- DÉSIGNE LA PÉRIODE

1 2 3 4 5 6 7 8 9

Festival musical à Ars.

lever 07 h 35
coucher 17 h 48, - 3

lundi 29

Narcisse
Évêque de Jérusalem, mort en 212, il présida un concile chargé de statuer sur la détermination de la date de Pâques.

lever 07 h 36
coucher 17 h 47, - 3

mardi 30

Bienvenue
Bienvenue Bojani, tertiaire dominicaine morte à Cividale, dans le Frioul, en 1292.

lever 07 h 38
coucher 17 h 45, - 3

mercredi 31

Quentin
Fils d'un sénateur romain, évangélisateur de la région d'Amiens, martyr dans le Vermandois, dans l'Aisne, au IIIe siècle.

MOTS CROISÉS

HORIZONTALEMENT **1** Camping de Bois-Plage « Val de... ». **2** Sollicitations. Cité sur la Tille. **3** Saint de Bigorre. Glace. **4** Vagabondes. Organisation palestinienne. **5** Trait lumineux. Liquide. **6** Auteur de *La symphonie pastorale*. Relief général de l'île. **7** Coupera le haut. **8** Dépôt de vin. Tarât. **9** Habitants d'Ars-en-Ré. Pronom réfléchi.

VERTICALEMENT **1** Guinguette ou plage de La Couarde. **2** Réalisai. Infinitif. **3** Adresse d'ordinateur. Cernées. **4** Songe. Entre deux mots. **5** Prénom. Mèche tenace. **6** Aurore. Capables. **7** Avances. **8** Monnaie du Cambodge. Perroquets. **9** Devant le diplôme. Elle est à l'honneur en mail à Bois-Plage.

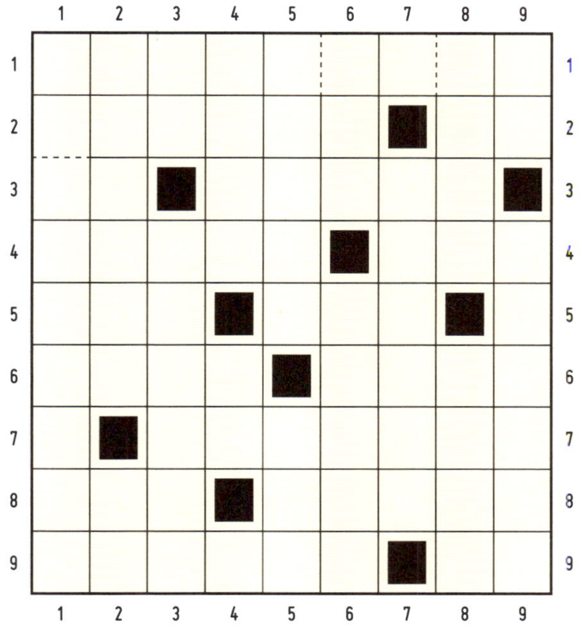

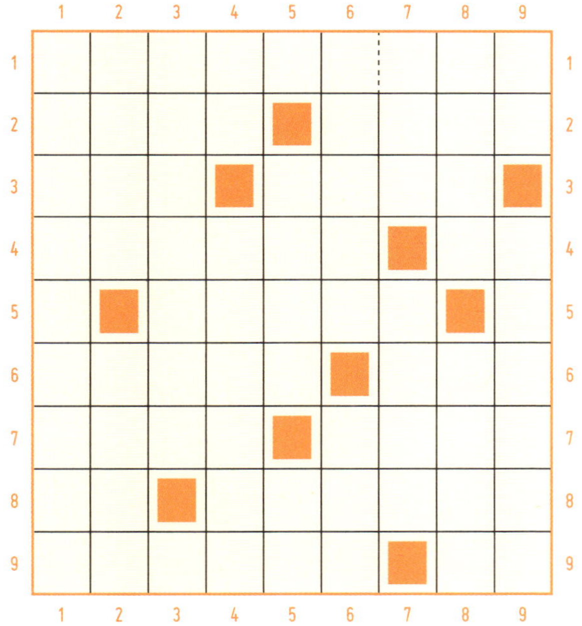

HORIZONTALEMENT **1** Bar brasserie sur la place du marché à Loix. **2** Nettoie. Couleur de cheveux. **3** Enlève. Mou. **4** Utilisée. Haute fréquence. **5** Fatigua. **6** Pause. Elle est fêtée à St-Martin. **7** Vieille. Corps gras pour le ski. **8** Pouffé. Odeur de brûlé. **9** Camping de St-Clément. Désigne la période.

VERTICALEMENT **1** Animateur de Ré-Astronomie. **2** Rongeurs. Pénalité bancaire. **3** Conscient. **4** Réfléchi. Palpera. **5** Désavantage. Pour un opus. **6** Déchets organiques. Échappé. **7** Atome. Tas. **8** Instrument de musique. Crochet. **9** Ancien copain. Pirate qui a son trésor au fort de la Prée.

Novembre 2018

Comme septembre et octobre, novembre voit son nom latin, *november*, de *novem*, « neuf », indiquer la place qu'il tenait dans le calendrier des Romains. Mois froid, mois « mort » des proverbes et dictons, novembre est aussi un mois festif et gastronome. Époque privilégiée des festivals après l'été, mois du film documentaire, mois des produits tripiers depuis 2001, novembre est aussi le mois du beaujolais, des foires et salons de la gastronomie un peu partout en France.

Agenda

Les festivals :

Festival européen du film court de Brest
Festival de cinéma, court-métrage, rencontres et échanges, à Brest.

Bombardes en fête
Musiques, la bombarde à l'honneur.

Festival des 3 Continents
Festival de cinéma, d'Asie, d'Afrique et d'Amérique latine, à Nantes.

Les Nuits du jazz
Musiques, Jazz, concerts à la Cité de Nantes et au Théâtre de Verre de Châteaubriant.

Les musées du Morbihan :

Écomusée des vieux métiers de Lizio
Avec plus de 70 000 objets exposés sur 2 000 m2, l'Écomusée des vieux métiers de Lizio nous replonge dans l'ambiance des ateliers et commerces d'antan.

Bobhuet
56460 Lizio
Tél. : 02 97 74 93 01

Le Cartopole
Unique en France, le Cartopole possède une collection exceptionnelle de cartes postales anciennes sur la Bretagne.

Rue d'Auray
56150 Baud
Tél. : 02 97 51 15 14

Musée d'Histoire et d'Archéologie de Vannes
Dans l'enceinte du château Gaillard, venez découvrir de nombreux objets de la préhistoire, de la période romaine ou du Moyen Âge provenant de la région morbihannaise.

2, rue Noé
56000 Vannes
Tél. : 02 97 01 63 00

Musée de la Résistance bretonne
Sur 1 500 m2 d'exposition, découvrez la vie et l'engagement des Bretons pendant la Seconde Guerre mondiale.

Musée de la Résistance bretonne
Les Hardys Behelec
56140 Saint-Marcel

Musée de cire l'Historial
Venez voir la reconstitution grandeur nature, avec des personnages en cire, des origines du pèlerinage, des apparitions de sainte Anne au laboureur Yves Nicolazic, sous le règne de Louis XIII.

Musée de cire l'Historial
6, rue de Vannes
56400 Sainte-Anne-d'Auray

Maison des Chouans de Kerdel
La ferme natale de Pierre Guillemot, l'un des chefs les plus populaires de Chouans, a été restaurée. L'intérieur de la chaumière est aménagé comme à l'époque de la Révolution, tandis qu'une exposition sur les figures de la chouannerie fait revivre l'histoire locale.
Attention, le musée est ouvert toute l'année mais seulement à la demande et sur rendez-vous.

Maison des Chouans de Kerdel
56500 Bignan
L'Éclosarium
Il vous fera découvrir la vie de l'île et l'importance du monde microscopique marin pour la vie de notre planète.
Route de l'Écloserie
56170 Île-d'Houat

Maison du costume breton
Le musée offre une large perspective des terroirs de Bretagne, du Pays sérentais jusqu'au Finistère, entre Gallo et Breton. Découvrez à travers costumes et accessoires 200 ans d'histoire.

Maison du costume breton
9, rue du Pavé
56460 Sérent

Musée des Thoniers
Découvrez le quotidien des marins de la Ria d'Étel et les grands événements historiques et les originalités d'un vaste patrimoine maritime local.

Musée des Thoniers
3, impasse Jean-Bart
56410 Étel

Musée de Poupées collection Rohan
Installées dans les anciennes écuries du château de Josselin, les quelque 600 poupées exposées vous attendent, ainsi que de nombreux jeux et jouets.

Musée de Poupées collection Rohan
3, rue des Trente
56120 Josselin

Haras national d'Hennebont
Dans ce lieu prestigieux et unique en Morbihan, découvrez l'histoire des relations entre l'homme et le cheval, l'activité des haras et ses métiers…

Haras national d'Hennebont
Rue Victor-Hugo
56700 Hennebont

La Cité de la voile Éric-Tabarly
Partez à la rencontre de la mer et de ses skippers… Plus de 3 heures de visite pour vivre l'aventure de la voile moderne et de la course au large.
La Cité de la voile Éric-Tabarly
Base de sous-marins de Keroman
56100 Lorient

Les musées d'Ille-et-Vilaine :

Grand aquarium de Saint-Malo

Ouvert en 1996 à l'initiative de passionnés de la mer et des espèces aquatiques, le Grand Aquarium de Saint-Malo offre un panorama complet des habitants des mers et des océans du monde, avec plus de 500 espèces.

Avenue du Général-Patton
35400 Saint-Malo
Tél. : 02 99 21 19 00

Musée des Beaux-Arts de Rennes

Le musée des Beaux-Arts de Rennes présente des collections riches et intéressantes, fournissant ainsi un beau panorama de l'histoire des arts.

20, quai Émile-Zola
35000 Rennes
Tél. : 02 23 62 17 45

Musée d'Histoire de Saint-Malo Château

35400 Saint-Malo
Tél. : 02 99 40 71 57

Musée international du Long-Cours Cap-Hornier

Tour Solidor
35400 Saint-Malo
Tél. : 02 99 40 71 57

Musée Emmanuel-de-La-Villéon

Un des derniers grands peintres impressionnistes : 100 toiles, pastels, aquarelles et dessins.

Musée Emmanuel-de-La-Villéon
51, rue Nationale
35300 Fougères

Musée manoir Jacques-Cartier

Le manoir de Limoëlou est l'unique héritage de Jacques Cartier, découvreur du Canada en 1534. Restauré et aménagé pour évoquer la vie quotidienne et les voyages de son illustre propriétaire, le manoir Jacques-Cartier, ancêtre des malouinières, est un témoin unique et émouvant.

Musée Jacques-Cartier Limoëlou
Rue David-MacDonald-Stewart
35400 Saint-Malo
Tél. : 02 99 40 97 73

Musées du Finistère :

Écomusée des Monts d'Arrée

L'Écomusée des Monts d'Arrée présente un patrimoine architectural intact qui nous plonge dans la vie paysanne bretonne. Il s'étend sur deux sites distants de quelques kilomètres.

Moulins de Kerouat

29450 Commana
Tél. : 02 98 68 87 76

Musée des Beaux-arts de Quimper

40, place Saint-Corentin
29000 Quimper
Tél. : 02 98 95 45 20
musee-beauxarts.quimper.fr/

Musée national de la Marine de Brest

Boulevard de la Marine
29200 Brest
Tél. : 02 98 22 12 39
www.musee-marine.fr

Musée de la Pêche – Musée d'histoire, patrimoine, terroir

Le musée de la Pêche présente une riche collection de bateaux, d'objets du quotidien et de maquettes pour vous faire connaître une activité économique importante du territoire cornouaillais.

Musée de la Pêche
3, rue Vauban
Ville Close
BP 118
29900 Concarneau
Tél. : 02 98 97 10 20
www.musee-peche.fr

Musée des Beaux-Arts de Brest

24, rue Traverse
29200 Brest
Tél. : 02 98 00 87 96

Océanopolis

Premier équipement touristique de Bretagne, Océanopolis vous invite à découvrir les océans à travers 3 pavillons thématiques.
Rue des Cormorans
29200 Brest
Tél. : 02 98 34 40 40
www.oceanopolis.com

Musée des Phares et Balises

Ce musée est le seul sur ce thème en France. Installé dans l'ancienne salle des machines de la centrale électrique du phare du Créac'h, l'un des plus puissants au monde, il retrace toute l'histoire des phares et de la signalisation maritime.

Phare du Créac'h
29242 Ouessant
Tél. : 02 98 48 80 70
www.pnr-armorique.fr

Musée bigouden

Coiffes et costumes brodés, intérieurs étonnants, images d'archives… Au fil des salles du château, le Pays bigouden vous présente son héritage.
Square de l'Europe
29120 Pont-l'Abbé
Tél. : 02 98 66 00 40

· CITATION · Le bon semer est quinze jours avant Toussaint, et quinze jours après.

LÉGENDE

Les menhirs de Lagatjar

C'est l'histoire du jeune Erwen, travailleur sans fortune, qui souhaitait épouser la fille d'un marchand, la belle Marie-Jeanne. Mais sans le sou, il ne pouvait espérer que le père de la jeune fille accepte sa demande. Un colporteur à la réputation plus que douteuse nommé Jakez, lui proposa alors de l'aider à s'enrichir. Peu méfiant, Erwen écouta son plan qui était assez simple. Jakez lui confia que tous les cent ans, les menhirs de Lagatjar s'en allaient quelques heures s'abreuver à l'océan. Chacun sait que les menhirs cachent de nombreux trésors à leurs pieds et il suffisait aux deux compères de s'en emparer avant le retour des grandes pierres. Jakez se garda bien de dire à Erwen que les trésors devaient s'échanger contre une âme de chrétien et qu'il comptait bien donner la sienne en échange de la richesse. Le jour dit, les deux hommes se retrouvèrent dans la lande et à minuit, ils virent bel et bien les menhirs se détacher du sol et s'absenter. Erwen et Jakez se précipitèrent sur les trésors qu'ils allaient emmener avec eux quand déjà, les énormes blocs de pierre étaient de retour. Terrifié, Erwen tomba à genoux et se mit à prier tandis que Jakez tentait de s'enfuir. Mais dans sa précipitation, il tomba et fut écrasé par une des pierres. Épargné, Erwen put rentrer chez lui, les mains pleines de richesse et c'est ainsi qu'il épousa Marie-Jeanne. Ils vécurent heureux et eurent beaucoup d'enfants.

ÉNIGME

Voici un petit problème d'organisation bien connu.

Un passeur est chargé de faire passer un loup, une chèvre et un chou d'une rive à l'autre du fleuve. Sachant qu'il ne peut faire passer qu'une seule chose à la fois et que le loup peut manger la chèvre ou que la chèvre peut manger le chou s'il les laisse ensemble d'un côté du fleuve. Comment le passeur va-t-il faire pour faire passer tout ce monde en les gardant entiers ?

Seuls le loup et le chou peuvent rester ensemble pendant que le passeur traverse le fleuve. La chèvre qui ne peut rester ni avec le chou ni avec le loup va donc traverser le fleuve plusieurs fois.

1er trajet : le passeur prend la chèvre.

2e trajet : le passeur prend le loup, arrivé de l'autre côté il pose le loup et il ramène la chèvre.

3e trajet : le passeur fait descendre la chèvre et prend le chou, sur l'autre berge il décharge le chou et repart à vide.

4e trajet : le passeur fait traverser la chèvre.

EXPRESSION

BATTRE LA CHAMADE

À l'origine la chamade est un terme militaire qui vient de l'italien chiamada signifiant appel. La chamade est un signal militaire, un battement de tambour accéléré signifiant aux ennemis que la ville assiégée, et souvent prête à capituler, veut parlementer. Cette alerte peut aussi être sonnée à la trompette. Souvent, dans le feu de la bataille, la chamade n'était pas entendue, alors les militaires la doublèrent d'un signal visuel, le drapeau blanc. Aujourd'hui les armées ne battent plus la chamade, il n'y a plus que le cœur qui bat la chamade en proie à une vive émotion.

NOTES

lever 07 h 39
coucher 17 h 44, - 3

jeudi 1er

Toussaint

• CITATION • À la saint Hubert, les oies sauvages fuient l'hiver.

RECETTE

SUSHIS DE NOIX DE SAINT-JACQUES

POUR 6 PERSONNES :

- 150 G DE RIZ SPÉCIAL SUSHI (RIZ ROND)
- 18 COQUILLES SAINT-JACQUES TRÈS FRAÎCHES
- 4 CUILLÈRES À CAFÉ DE VINAIGRE DE RIZ
- 3 CUILLÈRES À CAFÉ DE SUCRE EN POUDRE
- 2 BRINS D'ANETH
- 5 CUILLÈRES À SOUPE DE SAUCE SOJA JAPONAISE
- 1 PINCÉE DE PIMENT D'ESPELETTE
- 1 CUILLÈRE À CAFÉ DE WASABI EN TUBE (OU MOUTARDE DE RAIFORT)
- QUELQUES LAMELLES DE GINGEMBRE MARINÉES AU VINAIGRE ET ÉGOUTTÉES
- 1 CUILLÈRE À SOUPE D'HUILE D'OLIVE
- 20 CL D'EAU
- SEL, POIVRE DU MOULIN

Commencer par laver le riz à grande eau 2 ou 3 fois puis le laisser s'égoutter 3 min.
Faire bouillir un grand volume d'eau puis ajouter le riz, couvrir et laisser cuire à feu doux pendant 12 min, jusqu'à ce que toute l'eau soit évaporée.
Hors du feu, couvrir et laisser reposer 30 min.
Pendant ce temps, préparer l'assaisonnement du riz en mélangeant le vinaigre de riz, le sel et le sucre puis le faire chauffer rapidement 1 à 2 min à feu doux.
Mettre le riz dans un récipient à fond plat, de préférence en bois. Remuer délicatement pour séparer les grains tout en arrosant de sauce au vinaigre.
Continuer de mélanger délicatement en soulevant les grains du bord vers le centre en prenant garde à ne pas écraser les grains. Laisser tiédir à chaleur ambiante et couvrir d'un linge humide afin d'éviter que le riz ne sèche pendant la préparation des sushis.
Ensuite, laver, sécher et ciseler finement l'aneth. Répartir un peu de sauce soja dans 6 petites coupelles et les poser dans les assiettes de présentation. Ajouter éventuellement dans 6 autres petites coupelles quelques lamelles de gingembre.
Ouvrir les coquilles Saint-Jacques, ôter la barbe et le corail, les rincer sous l'eau fraîche pour les débarrasser du sable puis décoller la noix bien à la base. Les mettre dans un saladier avec l'huile d'olive et l'aneth, poivrer légèrement et ajouter une petite pointe de piment d'Espelette. Mélanger délicatement puis réserver au frais le temps de préparer les sushis.
S'humidifier les mains, déposer un peu de riz au creux de la paume et former 18 boulettes allongées, environ de la grosseur des noix de Saint-Jacques. En disposer 3 par assiette.
Préchauffer le gril du four. Poser les noix sur une grille bien propre et la glisser le plus près possible de la résistance, le temps d'une petite minute, porte ouverte. Retourner les noix et recommencer l'opération pendant 1 min également.
Poser enfin les noix sur les boulettes de riz, ajouter une perle de wasabi et servir aussitôt.
(Attention, le wasabi a un goût prononcé, il est parfois préférable de le servir à part afin que les convives puissent choisir la quantité voulue.)

lever 07 h 41
coucher 17 h 42, - 3

vendredi 2

Défunts
La commémoration des morts est destinée à obtenir de Dieu qu'il délivre ou soulage les âmes du purgatoire.

lever 07 h 42
coucher 17 h 41, - 3

samedi 3

Hubert
Évêque de Tongres, Maastricht et Liège, mort en 727. Disciple et successeur de saint Lambert, il évangélisa le Brabant et les Ardennes.

lever 07 h 44
coucher 17 h 39, - 3

dimanche 4

Charles
Charles Borromée, archevêque de Milan, mort en 1584.

Semaine 44

novembre 2018

· CITATION · Temps couvert à la saint Geoffroy, amène trois jours de froid.

PATRIMOINE

Alignements de Carnac

C'est dans le Morbihan que se trouvent le site de Carnac et les plus célèbres alignements de dolmens et de menhirs d'Europe. L'importance et la taille du site lui ont permis d'être classé sur la liste indicative de l'Unesco pour une candidature d'inscription au patrimoine mondial de l'humanité. Les mégalithes sont répartis en plusieurs ensembles distincts. Le plus grand, avec 165 mètres de long pour 100 mètres de large, présente 1 099 menhirs répartis sur 11 files, c'est l'alignement du Ménec, le plus à l'ouest. C'est là également que se trouve la Maison des mégalithes où l'on trouve toutes les informations concernant le site ainsi qu'un plan des alignements. À peine plus petit, l'alignement de Kermario compte 1 029 pierres qui s'étendent sur 1 250 mètres de long pour 150 de large. Le plus haut menhir de cet alignement mesurait plus de 6 mètres avant d'être abattu au XIXe siècle. Un peu plus loin, l'alignement de Kerlescan ne compte « que » 555 menhirs. En plus des alignements, on peut admirer aux alentours de Carnac le cairn de Kercado. Cette structure de pierres sèches qui recouvraient des sépultures date de plus de 6 500 ans. Plus loin encore se trouve l'impressionnant Géant du Manio. Il contemple ses visiteurs du haut de ses 6 mètres depuis des millénaires. Tous ces alignements sont fermés au public en été et ne sont accessibles qu'en hiver pour mieux préserver le site.

Maison des mégalithes au Ménec
56340 Carnac
Tél. : 02 97 52 29 81
Plus d'informations : www.ot-carnac.fr

lever 07 h 45
coucher 17 h 38, - 3

lundi 5

Sylvie
Mère du pape saint Grégoire le Grand, morte vers 590.

lever 07 h 47
coucher 17 h 36, - 3

mardi 6

Léonard
Léonard de Noblat, parent du roi Clovis, disciple de saint Rémi, ermite dans le diocèse de Limoges au VIe siècle.

lever 07 h 48
coucher 17 h 35, - 3

mercredi 7

Carine
Karine, son mari saint Mélassippe, et leur fils saint Antoine. Les deux époux furent martyrs à Ankara sous l'empereur Julien l'Apostat, au IVe siècle.

lever 07 h 49
coucher 17 h 34, - 3

jeudi 8

Geoffroy
Geoffroy ou Godefroy de Molincourt, évêque d'Amiens, mort en 1115.

HISTOIRE

Les « poilus » de la Grande Guerre

Contrairement à une idée reçue, les soldats de 1914-1918 n'étaient pas appelés ainsi parce qu'ils ne se rasaient pas. Il suffit de consulter des images d'archives pour constater qu'ils n'oubliaient pas de se raser. Alors, pourquoi le qualifier de « poilus » ?
Si l'on se réfère aux dictionnaires du XVIIe siècle (le Furetière par exemple) ou à ceux du XIXe (le Larousse notamment) il y est révélé que le poil est associé à de nombreuses expressions évoquant la témérité : on dit d'un homme courageux que c'est un « brave à trois poils », qu'il a du « poil aux yeux » ou encore « du poil au cœur » ou encore « du poil aux pattes », pour ne pas mentionner des parties plus intimes de son anatomie.
Quand on sait que Balzac utilisait déjà le terme de « poilus » pour désigner les grognards de Bonaparte, on se rend compte que la bravoure ne date pas de 1914-1918 et qu'elle n'est pas forcément tributaire d'une barbe hirsute ou de cheveux en pagaille.
Apparue à l'arrière, à la fin de l'année 1914, l'expression de « poilus » pour qualifier les combattants s'est rapidement popularisée au point d'étonner les soldats eux-mêmes qui, dans les premiers temps, préféraient s'appeler entre eux les « bonshommes ».
Il y a donc bien du poil dans la définition du poilu, mais un poil plus symbolique qu'on ne le pense aujourd'hui.

HISTOIRE

LES GAVOTTES DE DINAN

Encore une gourmandise qui serait née d'une erreur culinaire. On raconte qu'à la fin du XIXe siècle, une certaine Marie-Catherine Cornec oublia sa crêpe sur le feu dans un village de Bretagne. Elle enroula alors ladite crêpe autour d'elle-même et s'aperçut qu'en séchant, elle était devenue croustillante… Quatre-vingts ans plus tard naissait la gavotte enrobée de chocolat au lait. Composée de farine de blé, de sucre, de beurre (beaucoup de beurre, nous sommes en Bretagne), de lait, de chocolat au lait, les gavottes sont la spécialité de Dinan, dans les Côtes-d'Armor. Bien croustillantes (sauf lorsqu'elles sont laissées longtemps à l'air libre), on les trouve désormais au citron, et autres parfums. Elles sont même déclinées en gavottes salées pour l'apéritif. Vendues enveloppées en général par deux dans un papier doré, on dit que « quand on y a goûté, il est difficile d'échapper aux gavottes ! ».

lever 07 h 51
coucher 17 h 32, - 3

vendredi 9

Théodore
Théodore le Tiron, soldat romain, martyr à Amasée, en Turquie d'Asie, en 304.

lever 07 h 52
coucher 17 h 31, - 3

samedi 10

Léon
Léon le Grand, 45e pape, mort en 461.

lever 07 h 54
coucher 17 h 30, - 3

dimanche 11

Armistice de 1918

C'est aussi la Saint-Martin, évêque de Tours, mort en 397.

HISTOIRE

C'est la Bérézina !

Triste anniversaire que celui de la Bérézina, de cette défaite cuisante il nous reste l'expression « C'est la Bérézina » qui signifie qu'on vient d'enregistrer un échec total, ou qu'on se trouve face à une situation extrêmement désagréable.

La Bérézina est une rivière biélorusse, et pendant la campagne napoléonienne de Russie, en cette fin novembre 1812, l'hiver est terrible, il fait moins 30°, tout est gelé sauf la Bérézina. À bout de forces et sans aucun ravitaillement, les armées de Napoléon battent en retraite, ses hommes arrivent devant la Bérézina, large et profonde, qu'il est impossible de franchir à la nage. Les militaires vont construire deux ponts dans des conditions extrêmes, qui vont entraîner de nombreuses noyades. Seule la moitié des soldats va pouvoir franchir la rivière car l'ordre est donné de ne pas attendre les retardataires et de détruire les ponts avant que l'armée russe ne les emprunte. Les retardataires seront faits prisonniers ou se jetteront dans la rivière.

CONSEIL DU JARDINIER

Ramasser les feuilles mortes saines pour le compost.

Mettre à l'abri du gel les bulbes de bégonias, dahlias, cannas et glaïeuls.

Coiffer la tête des rosiers tiges dans un plastique transparent noué (pas trop serré pour l'aération et pour ne pas blesser la tige juste au-dessous du point de greffe) sur la tige après avoir été bourré de papier froissé ou mieux d'un voile d'hivernage.

Fertiliser les abricotiers tous les deux ans pour qu'ils restent productifs. à l'aplomb de la ramure, incorporer par bêchage : 5 kg de tourteau ou de guano, 1 kg de sulfate de potasse et 3 kg de scories. Diminuer ces doses de moitié pour un jeune arbre ou un sujet conduit en espalier.

NOTES

lever 07 h 55
coucher 17 h 29, - 3

lundi 12

Christian
Moine évangélisateur de la Pologne, martyr en 1003.

lever 07 h 57
coucher 17 h 28, - 3

mardi 13

Brice
Disciple de saint Martin, évêque de Tours, mort vers 444.

lever 07 h 58
coucher 17 h 26, - 3

mercredi 14

Sidoine
Ou Saëns, né en Irlande, abbé en Normandie, mort vers 684.

lever 08 h 00
coucher 17 h 25, - 3

jeudi 15

Albert
Albert le Grand, frère prêcheur, docteur de l'Église, évêque de Ratisbonne, mort en 1280.

• CITATION • À la mi-novembre passée, il peut venter et neiger à souhait.

RECETTE

La cotriade bretonne

Pour 6 personnes

- 1 kg 1/2 de divers poissons (congre, lotte, maquereaux, merlu, sardines…)
- 1 cuillerée à soupe de beurre
- 2 oignons
- 3 dl de vin blanc
- 1 bouquet de persil
- 2 gousses d'ail
- 4 grosses pommes de terre
- Sel, poivre

Pour le fumet de poisson

- Têtes et arêtes des poissons
- 1 litre 1/2 d'eau
- 1 oignon
- 1 bouquet garni (thym, laurier, persil)
- Sel, poivre

Laver les poissons, lever les filets ou les trancher en tronçons. Mettre les têtes et les arêtes récupérées des poissons dans une grande casserole avec de l'eau, le bouquet garni et l'oignon émincé. Assaisonner et faire cuire 20 minutes à feu vif avant de filtrer.

Éplucher les deux oignons et les hacher finement. Les faire fondre avec le beurre, puis ajouter les pommes de terre épluchées et coupées en morceaux. Faire cuire quelques minutes sans cesser de remuer. Ensuite, ajouter le fumet de poisson, le vin blanc, l'ail finement haché et la moitié du persil. Vérifier l'assaisonnement et laisser cuire 10 minutes à feu vif.

Séparer les poissons à chair ferme des poissons à chair tendre, mettre les premiers sur les pommes de terre et faire cuire 2 à 3 minutes. Ajouter par-dessus les poissons à chair tendre, couvrir et laisser mijoter 10 à 15 minutes. Hors du feu, garder 5 minutes à couvert.

Égoutter les poissons et les déposer dans le plat de service, entourés des pommes de terre. Saupoudrer de persil haché. Servir la soupe à part avec des croûtons aillés et déguster le tout bien chaud.

lever 08 h 01
coucher 17 h 24, - 2

vendredi 16

Marguerite
Née en Hongrie et mariée au roi d'Écosse Malcolm III, morte en 1093.

lever 08 h 03
coucher 17 h 23, - 2

samedi 17

Élisabeth
Élisabeth, princesse de Hongrie, duchesse de Thuringe, morte en 1231.

lever 08 h 04
coucher 17 h 22, - 2

dimanche 18

Aude
Aude ou Odette, disciple de sainte Geneviève, à Paris, au ve siècle.

• CITATION • À la saint Tanguy, le temps est toujours gris.

PATRIMOINE

Belle-île-en-Mer

La plus grande des îles bretonnes mesure 17 kilomètres de long pour 9 de large. Elle émerge à 14 kilomètres de la côte de Quiberon, dans le Morbihan, et se tient toute proche de ses petites voisines, Houat et Hoëdic. Ses paysages sont très contrastés avec les hautes falaises contre lesquelles s'écrasent les vagues parfois violentes de l'océan et les plages de sable fin sur lesquelles il fait bon se reposer un instant. Plusieurs villages composent également le paysage de Belle-Île. Sa capitale, Le Palais, avec son port aux maisons pimpantes et colorées, abrite également une imposante citadelle fortifiée par Vauban (1633-1707). Plus loin, c'est le village de Sauzon avec son port de pêche et de plaisance. Puis vient Bangor qui s'enorgueillit de son phare de Goulphar, un des monuments les plus visités de l'île. Locmaria, enfin, c'est la cité tranquille avec son église du xie siècle. Du fait de sa position stratégique, Belle-Île a longtemps attiré les convoitises des hommes et son passé historique est riche de nombreuses batailles plus ou moins sanglantes. Mais aujourd'hui, elle vit tranquillement au rythme des marées et de la vie insulaire et les (très) nombreux visiteurs se laissent bercer par la douceur du climat breton.

Office de tourisme de Belle-Île
Quai Bonnelle
56360 Le Palais
Tél. : 02 97 31 81 93
Plus d'informations : www.belle-ile.com

lever 08 h 05
coucher 17 h 21, - 2

lundi 19

Tanguy
Abbé en Bretagne à une époque inconnue.

lever 08 h 07
coucher 17 h 20, - 2

mardi 20

Edmond
Ou Edme, roi des Angles de l'Est, dans le Norfolk, en Angleterre, martyrisé par les Vikings en 870.

lever 08 h 08
coucher 17 h 19, - 2

mercredi 21

Présentation de Marie

lever 08 h 09
coucher 17 h 19, - 2

jeudi 22

Cécile
Cécile de Rome, vierge martyre à Rome vers 230.

· CITATION · Quand l'hiver vient doucement, il est là à la saint Clément.

HISTOIRE

L'assassinat de Kennedy

Le 22 novembre 1963 à 12 h 30 heure locale, John Fitzgerald Kennedy, le 35e président des États-Unis d'Amérique, est assassiné au cours d'un voyage officiel à Dallas (Texas). Alors que sa limousine roule sur Dealey Plaza, il est mortellement atteint de deux balles tirées semble-t-il par-derrière, du 5e étage d'un immeuble abritant un dépôt de livres.
Après le choc, les Américains réclament un coupable, ils vont rapidement l'avoir en la personne de Lee Harvey Oswald, un ancien marine, mais surtout un communiste notoire. Coupable ou non, il est un bouc-émissaire idéal en cette période de guerre froide. Mais seulement quarante-huit heures après son arrestation, Oswald est assassiné par Jack Ruby, un patron de bar proche de la Mafia, qui meurt en prison des suites d'un cancer, sans avoir jamais parlé.
Oswald a peut-être effectivement tiré sur Kennedy, mais il paraît très peu probable qu'il ait agi seul.
Quelques années plus tard, la thèse du complot commence à être évoquée. Notamment par Jim Garrison, procureur de la Nouvelle-Orléans, qui parvient après une longue enquête à faire rouvrir le dossier. Mais il se heurte à plus fort que lui et, devant les pressions, il doit finalement abandonner la lutte, non sans avoir semé le doute dans l'esprit de beaucoup.
Désormais, il existe plusieurs théories relatives à l'assassinat du président Kennedy, elles peuvent être classées en deux groupes : la théorie qui veut que les conclusions de la Commission Warren soient exactes et qu'aucun complot n'ait été à l'origine de l'assassinat et celles qui impliquent un complot, à savoir la participation d'au moins deux individus dans un projet concerté d'assassiner le Président.
Ceux qui défendent la première théorie estiment que, malgré ses faiblesses et ses approximations, la Commission Warren a correctement décrit les circonstances générales de l'assassinat du Président par Lee Harvey Oswald, Les adeptes de la seconde estiment que l'assassinat du Président résulte d'un complot mis en place par un groupe qui en avait à la fois les moyens et les motifs.
Selon les sondages, environ 20 % des citoyens américains croient que Oswald a agi seul et environ 80 % croient à une conspiration. Aujourd'hui, les soupçons les plus forts vont vers la CIA, J. F. Kennedy ayant affirmé sa volonté de « réduire la CIA en mille morceaux et de les jeter au vent », ou vers la Mafia, car il avait déclaré la guerre aux gangs en confiant cette mission à son frère Robert.
En définitive, personne n'est en mesure de désigner un coupable et un mobile de façon irréfutable.

LE SAVIEZ-VOUS ?

DES JURONS TRÈS CATHOLIQUES

Lorsqu'un Québécois francophone se donne un coup de marteau sur les doigts ou est victime d'une queue de poisson sur la route, les mots qui jaillissent le plus spontanément de sa bouche font souvent référence à des objets de la liturgie catholique : ostie, tabarnak, ciboire, calice ou encore criss. Pour cette raison, les Québécois disent qu'ils « sacrent » lorsqu'ils jurent.

lever 08 h 11
coucher 17 h 18, - 2

vendredi 23

Clément
Clément Ier, 4e pape, martyr en Crimée en 97.

lever 08 h 12
coucher 17 h 17, - 2

samedi 24

Flora
Flora et Marie, vierges et martyres à Cordoue, en Andalousie, en 854.

lever 08 h 13
coucher 17 h 16, - 2

dimanche 25

Catherine
Catherine d'Alexandrie, vierge et martyre au IVe siècle.

Semaine 47

novembre 2018

MOTS FLÉCHÉS

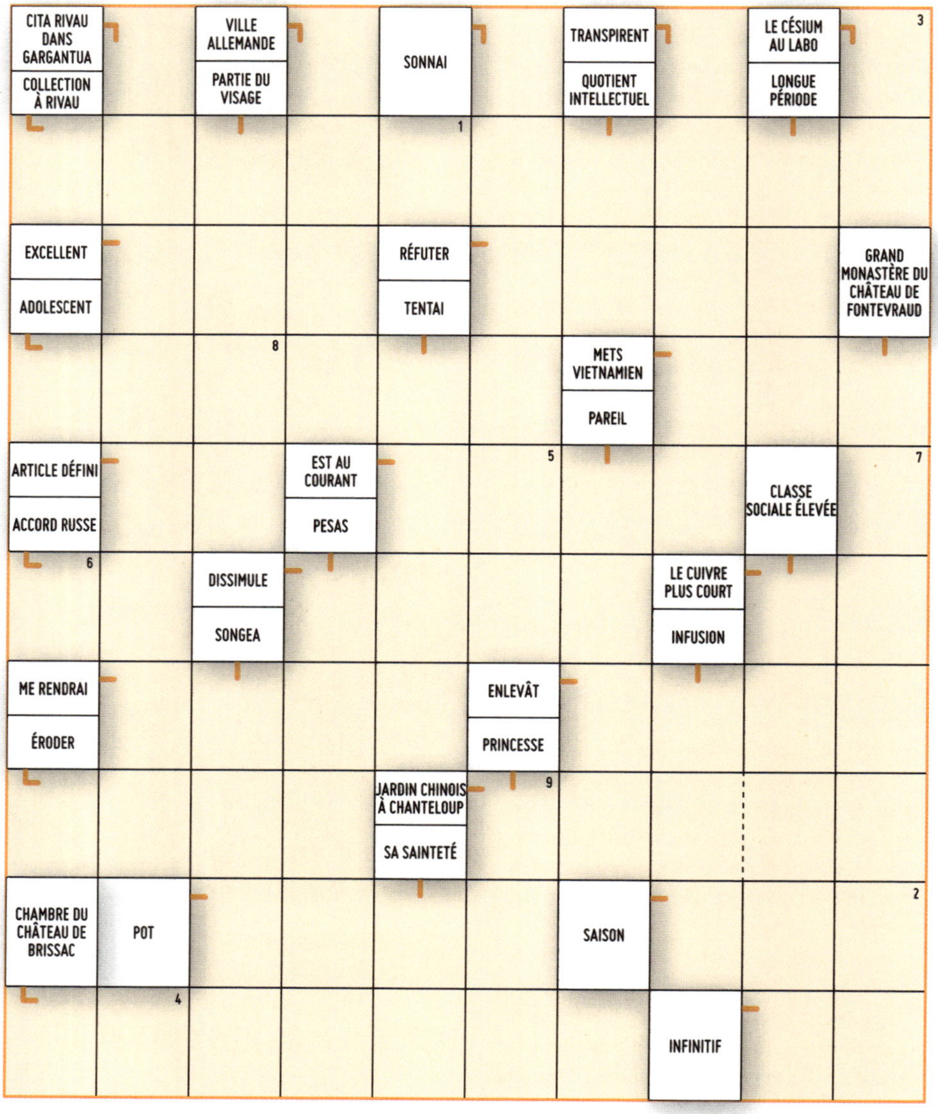

1 2 3 4 5 6 7 8 9

Appareil que l'on admire au château du Clos Lucé.

lever 08 h 15
coucher 17 h 16, - 2

lundi 26

Delphine
Delphine ou Dauphine de Sabran, mariée à saint Elzéar, tiers-ordre séculier de saint François, morte en 1360.

lever 08 h 16
coucher 17 h 15, - 2

mardi 27

Séverin
Ermite près de Paris, mort en 540.

lever 08 h 17
coucher 17 h 14, - 2

mercredi 28

Jacques de la Marche
Prêtre de l'ordre des Mineurs, à Naples, mort en 1476.

lever 08 h 19
coucher 17 h 14, - 2

jeudi 29

Saturnin
Martyr à Rome en 305.

MOTS CROISÉS

HORIZONTALEMENT **1** Région des châteaux de la Loire. **2** Monarque. Relata. **3** Capitale de la Jordanie. Plante à bulbe. **4** Troublés. La sienne. **5** Reposes. Garçon d'écurie. **6** Pour relier. Calme. **7** Imagine. Titre de presse. **8** Se rendra. Implorés. **9** L'exaampère plus court. Traverse le parc du château Gaillard.

VERTICALEMENT **1** Elle est royale au château Gaillard. **2** Tsigane. Répéta. **3** Aiguises. Se rend. **4** Pour le matin. Cube. **5** Supprime. Pour le soir. **6** Caprice de gosse. Combla. **7** Perroquet. Sa collection de peintures est exposée au château de Brissac. **8** Plante. Écloses. **9** Artiste plasticien qui expose au château de Fontevraud. Pronom réfléchi.

	1	2	3	4	5	6	7	8	9
1									
2				■					
3						■			
4		■					■		
5				■				■	
6			■						
7					■				■
8				■					
9			■						

	1	2	3	4	5	6	7	8	9
1									
2				■					
3					■				■
4							■		
5			■					■	
6		■				■			
7	■			■					
8					■				
9									

HORIZONTALEMENT **1** C'est à voir au château Gaillard « Premiers ... à la française ». **2** Bougé. Humide. **3** Cabaret parisien. Monnaie. **4** Alarme. Conifère. **5** Id est. Crochet. **6** Préfixe de nouveauté. Infusion. **7** Le cobalt pour le chimiste. Abri. **8** Imagina. Assembler. **9** Château de la Loire.

VERTICALEMENT **1** Magnifique celui de Charles VIII à Amboise. Utile pour une candidature. **2** Adroit. Hurlement. **3** Cerne. Période de cadeaux. **4** Lisière. Symbole de l'aluminium. **5** État-major. Beaucoup. **6** Il y en a une variété de 450 au château de Rivau. Course à pied. **7** Fleuve espagnol. Déploie. **8** Gaine. Détester. **9** Pronom réfléchi. Ses tableaux sont exposés au château de Montrésor.

Décembre 2018

Pour les Romains, décembre, *december* en latin (du chiffre dix, *decem*), n'était que le dixième mois du calendrier. Aujourd'hui, il marque la fin de l'année et le recommencement d'un calendrier, notamment avec les fêtes dites « de fin d'année », Noël et le Jour de l'an. Premier mois de l'hiver dans l'hémisphère nord, il annonce l'été, le 21 décembre, dans l'hémisphère sud.

Agenda

Les festivals :

Les Trans Musicales de Rennes

Musiques, actuelles et internationales, à Rennes.

Festival national du film d'animation

Cinéma d'animation, à Bruz.

Musées des Côtes-d'Armor :

Atelier musée du tissage

Installé sur le site des « Murettes » dans d'anciennes maisons de négociants toiliers et de tisserands, l'Atelier musée du tissage restitue la mémoire d'une renaissance artisanale…

Atelier musée du tissage
Rue Neuve
22460 Uzel
Tél. : 02 96 28 85 81

Maison des Toiles

La Maison des Toiles retrace l'histoire des célèbres « toiles bretagnes », qui firent la renommée du Centre-Bretagne du XVIIe au XIXe siècle.

Maison des Toiles
Le Bourg
22460 Saint-Thélo
Tél. : 02 96 56 38 26

Les Papeteries Vallée

Jadis une des plus grosses industries bretonnes qui a employé jusqu'à 250 ouvriers, elle est désormais un site culturel, un lieu de balade et de découverte.

Les Papeteries Vallée
Allée des Frères-Vallée
22810 Plounévez-Moëdec
Tél. : 02 96 05 60 70

Musée du Rail

Véritable paradis du train pour petits et grands : collections d'affiches, diaporama, historiques, poste d'aiguillage Vignier reconstitué…

Gare SNCF de Dinan
Place du 11-Novembre 1918
22100 Dinan
Tél. : 02 96 39 81 33

Musée de l'Histoire et des Traditions de Basse-Bretagne

Scènes historiques et personnages grandeur nature : Révolution, Chouannerie, Trégor 1900…

Musée de l'Histoire et des Traditions de Basse-Bretagne
Boulevard du Linkin
22700 Perros-Guirec
Tél. : 02 96 91 23 45

Musée du Costume

Créé en 1990, ce musée installé dans une maison traditionnelle évoque la vie et les costumes des Bretons du Trégor-Goëlo : costumes traditionnels de travail, de cérémonie, de mariage, et retrace l'évolution de la coiffe paimpolaise de 1820 à 1930.

Musée du Costume
Rue Pellier
22500 Paimpol
Tél. : 02 96 55 31 70

Haras national de Lamballe

Visites guidées, spectacles, expositions, sports hippiques, animations pédagogiques, présentations d'élevage sont autant de manières de découvrir la plus belle conquête de l'homme.
Place du Champ-de-Foire
22400 Lamballe
Tél. : 02 96 50 06 98

Maison du Tisserand, Atelier des toiles « bretagnes »

Embarquez pour deux siècles d'aventure qu'ont connu les toiles « bretagnes », produit de luxe destiné à l'Amérique latine.
Des démonstrations sur des outils anciens, dont un métier à tisser du XIXe siècle, sont proposées.

Maison du Tisserand
22800 Quintin
Tél. : 02 96 32 78 08

Station LPO de l'Île-Grande

Autrefois terre d'extraction du granit, l'Île Grande est aujourd'hui un havre de paix pour les oiseaux mazoutés, accueillis au centre de soins de la station LPO.
La station organise des expositions, des excursions commentées aux Sept-Îles (plus grande réserve française d'oiseaux marins) et des sorties nature.

L'Île-Grande
22560 Pleumeur-Bodou
Tél. : 02 96 91 91 40

Musées de Loire-Atlantique :

Musée des Beaux-Arts de Nantes

Aujourd'hui, le musée des Beaux-Arts de Nantes fait partie des plus grands musées en région.
Il est inscrit au titre des monuments historiques depuis le 29 octobre 1975.

10, rue Georges-Clemenceau
44000 Nantes
Tél. : 02 52 17 45 00

Musée Dobrée

Le musée départemental Dobrée est consacré à l'archéologie, à l'art médiéval et aux arts décoratifs. Outre la richesse de ses collections, l'établissement se démarque par l'architecture de ses bâtiments.

18, rue Voltaire
44000 Nantes
Tél. : 02 40 71 03 50

Mes notes

Musée du château des ducs de Bretagne

Après quinze années de travaux, le château des ducs de Bretagne renferme aujourd'hui un musée d'histoire des plus modernes à la scénographie très soignée.

Place Marc-Elder
44000 Nantes
Tél. : 02 51 17 49 00

Musée Jules-Verne

3, rue de l'Hermitage
44000 Nantes
Tél. : 02 40 69 72 52

Océarium du Croisic

L'océarium vous propose un voyage au fond des océans. Cette promenade s'effectue en plusieurs étapes pour apprécier l'abondance de la faune et de la flore océaniques.

Avenue de Saint-Goustan
44490 Le Croisic
Tél. : 02 40 23 22 93

Musée naval Maillé-Brézé

Amarré sur les quais du port de Nantes, le Maillé-Brézé – ancien escorteur d'escadre de la Marine nationale française – accueille le premier musée naval à flot de France.

Quai de la Fosse
44000 Nantes
Tél. : 02 40 69 56 82

Musée des Marais Salants

Le musée propose de faire découvrir le patrimoine du Pays de Guérande façonné par l'histoire du sel.

29 bis, rue Pasteur
44740 Batz-sur-Mer

Musée de l'Imprimerie

Le musée de l'Imprimerie de Nantes expose les différentes techniques de composition manuelle ou mécanique, les presses typographiques, la gravure taille-douce et la lithographie.

24, quai de la Fosse
44000 Nantes
Tél. : 02 40 73 26 55

• CITATION • En décembre s'il tonne, l'année sera bonne.

LE SAVIEZ-VOUS ?

Le miel

Le miel est avant tout un aliment naturel riche en sucres simples directement assimilables (se passant donc de digestion préalable), doué d'un pouvoir sucrant plus important que le sucre blanc (ou roux) ordinaire composé uniquement de saccharose, tout en ayant un apport calorique moindre, contrairement à ce que beaucoup de gens pensent. En effet, le pouvoir sucrant du fructose et du glucose contenus dans le miel est en moyenne de 1,3 par rapport à une base de 1 pour le saccharose du sucre de canne ou de betterave, et 100 g de miel apportent en moyenne 300 calories, alors que 100 g de sucre en apportent 400 ! C'est dire que, pour sucrer également quelque chose, où il vous faut 10 g de sucre, il ne vous faut que 7,5 g de miel, et qu'au lieu d'absorber 40 calories, vous n'en prenez que 22, soit presque la moitié ! C'est mathématique. Ce seul argument calorique devrait déjà vous convaincre de l'intérêt qu'il y a à remplacer le sucre par du miel.

Depuis quelques décennies, de nombreux chercheurs se sont attachés à expérimenter méthodiquement l'ensemble des vertus empiriques du miel accumulées au fil des millénaires, afin d'en dégager les véritables propriétés et de déterminer ainsi scientifiquement ce que l'on pouvait en attendre réellement pour la santé humaine. Ces multiples études et expérimentations (environ 2000 références bibliographiques), qui se poursuivent d'ailleurs toujours actuellement, ont non seulement validé tout ce qui nous avait été transmis, mais encore complété certaines données et trouvé de nouvelles utilisations et applications.

Il en ressort aujourd'hui de façon certaine que le miel est bien doté de nombreuses propriétés diététiques et thérapeutiques, comme le résume fort bien l'éminent Pr Rémy Chauvin : « à la lumière de ces recherches, il paraît maintenant certain que l'antique tradition ne mentait pas qui affirmait que le miel ne constitue pas seulement un excellent aliment, mais aussi qu'il a une valeur thérapeutique certaine, bien que difficilement explicable dans certains cas. »

Les multiples bienfaits du miel sur la santé et la longévité seraient renforcés par une association avec la cannelle en poudre.

NOTES

lever 08 h 21
coucher 17 h 13, - 2

samedi 1er

Florence
Originaire d'Asie, disciple de saint Hilaire, en Poitou, où elle devint recluse, morte après 360.

lever 08 h 22
coucher 17 h 12, - 2

dimanche 2

Viviane
Bibiane, vierge et martyre à Rome en 363.

lever 08 h 23
coucher 17 h 12, - 2

lundi 3

François-Xavier
Jésuite missionnaire, évangélisateur en Inde, aux Moluques et au Japon, mort sur l'île de Sancian en 1552.

lever 08 h 25
coucher 17 h 12, - 1

mardi 4

Barbara
Barbe, vierge et martyre à Nicomédie, en 235.

lever 08 h 26
coucher 17 h 11, - 1

mercredi 5

Gérald
Moine et abbé de Moissac, puis archevêque de Braga, au Portugal, mort en 1109.

lever 08 h 27
coucher 17 h 11, - 1

jeudi 6

Nicolas
Évêque de Myre, mort vers 350. La légende lui attribue de nombreux miracles.

• CITATION • Jour de l'Immaculée, ne passe jamais sans gelée.

RECETTE

Terrine de lapin aux fruits secs

INGRÉDIENTS :
- 1 LAPIN DE 1,5 KG ENVIRON
- 350 G DE GORGE DE PORC HACHÉE
- 1 CRÉPINE DE PORC
- 50 G DE LARDONS FUMÉS
- 50 G D'ÉCHALOTES
- 2 ŒUFS
- 50 G DE NOISETTES
- 50 G DE PISTACHES
- 50 G D'ABRICOTS SECS (EN MORCEAUX)
- 10 CL DE VIN BLANC SEC
- 5 CL DE COGNAC
- ROMARIN SÉCHÉ, MUSCADE
- SEL, POIVRE

Faire tremper la crépine dans de l'eau froide. Prélever au couteau la chair du lapin et la détailler en aiguillettes très fines. Les placer dans un plat. Ajouter les abricots secs, verser le vin et le cognac et laisser mariner 6 heures au réfrigérateur. Égoutter. Dans une poêle à revêtement anti-adhésif, dorer les noisettes et les pistaches.

Mélanger le lapin et les abricots secs avec la gorge de porc, les lardons, les abats (foie, rognons) coupés en dés et les échalotes hachées. Parfumer de romarin et de muscade. Saler, poivrer, lier avec les œufs battus. Préchauffer le four (180 °C - th. 6).

Tapisser le fond et les parois d'une terrine avec la crépine égouttée en la laissant largement dépasser des bords. Verser la farce dans la terrine, presser, lisser et rabattre les morceaux de crépine. Couper l'excédent. Couvrir la terrine, la placer dans un bain-marie d'eau chaude à mi-hauteur et cuire 1 heure 30. Laisser tiédir, placer au réfrigérateur au moins 24 heures.

Remarque : consommée en hors-d'œuvre, cette terrine sera encore meilleure avec des tranches de pain de campagne, des oignons aigres-doux et des cerises au vinaigre.

lever 08 h 28
coucher 17 h 11, - 1

vendredi 7

Ambroise
Évêque de Milan et docteur de l'Église, mort en 397.

lever 08 h 29
coucher 17 h 11, - 1

samedi 8

Immaculée Conception

lever 08 h 30
coucher 17 h 11, - 1

dimanche 9

Pierre Fourier
Prêtre à Gray, en Franche-Comté, mort en 1640.

Semaine 49

décembre 2018

· CITATION · Tel temps à la saint Daniel, même temps à Noël.

PATRIMOINE

Huîtres tièdes sur fonds d'artichauts de Bretagne

Pour 4 personnes :

- 12 fonds d'artichauts de Bretagne
- 24 huîtres de Bretagne
- 1 échalote
- 1 citron
- 1 cuillère à soupe d'estragon ciselé
- 1 cuillère à soupe de cerfeuil ciselé
- 1 cuillère à soupe de ciboulette ciselée
- 6 cuillères à soupe d'huile d'olive
- 1 cuillère à soupe de vinaigre de cidre
- Fleur de sel, poivre du moulin

Commencer par rincer les herbes, éplucher l'échalote puis ciseler finement le tout. Réserver quelques brins d'herbes pour la décoration.

Pour préparer la vinaigrette : faire une émulsion avec six cuillères à soupe d'huile d'olive et une cuillère à soupe de vinaigre de cidre. Bien assaisonner et ajouter les herbes et l'échalote.

Faire cuire les fonds d'artichauts pendant une dizaine de minutes dans une grande casserole d'eau bouillante salée avec le jus d'un citron.

Pendant ce temps, ouvrir les huîtres (astuce : les placer 1 min dans un panier vapeur puis enlever les coquilles).

Déposer dans chaque fond d'artichaut 3 huîtres puis une cuillère à soupe de vinaigrette. Ajouter un tour de moulin et décorer avec quelques herbes ciselées. Servir tiède.

LE SAVIEZ-VOUS ?

NEUF PROVINCES TRADITIONNELLES

On les appelle les « broiou » ou les pays :

Bro Léon : le pays de Léon. C'est le territoire de l'ancien évêché de Saint-Pol et du vicomté de Léon.

Bro Gerne : le pays de Cornouaille. Il couvre le territoire de l'ancien évêché de Quimper et le comté de Cornouaille.

Bro Dreger : le pays de Tréguier. Cela correspond au territoire de l'ancien évêché de Landreger.

Bro Wened : le pays de Vannes

Bro Sant-Brieg : le pays de Saint-Brieuc

Bro Sant-Malw : le pays de Saint-Malo

Bro Zol : le pays de Dol

Bro Roazhon : le pays de Rennes

Bro Naoned : le pays de Nantes

Le Finistère a englobé le pays de Léon et celui de Cornouaille. Le Morbihan a englobé le pays de Vannes. La Loire-Atlantique a hérité du pays de Nantes. Quant à l'Ille-et-Vilaine, elle contient les pays de Rennes, de Dol et une partie du pays de Saint-Malo. Tout le reste se retrouve dans les Côtes d'Armor.

lever 08 h 31
coucher 17 h 11, - 1

lundi 10

Romaric

Romaric, Romary ou Remiré, fondateur du monastère de Remiremont, dans les Vosges, mort en 653.

lever 08 h 32
coucher 17 h 11, - 1

mardi 11

Daniel

Daniel le Stylite, prêtre à Constantinople, mort en 489. Il passa les 33 dernières années de sa vie sur une colonne.

lever 08 h 33
coucher 17 h 11, - 1

mercredi 12

Chantal, Corentin

Jeanne-Françoise de Chantal, fondatrice de la Visitation, morte en 1641. Corentin ou Cury, évêque de Quimper au Ve siècle.

lever 08 h 34
coucher 17 h 11, - 1

jeudi 13

Lucie

Vierge et martyre à Syracuse, victime de la persécution de Dioclétien, en 304.

· CITATION · Froid et neige en décembre, du blé à revendre.

PERSONNAGE CÉLÈBRE

Yves Rocher (1930-2009)

Né en 1930 à La Gacilly, dans le Morbihan, Yves Rocher s'intéresse assez jeune aux produits cosmétiques et crée des crèmes de beauté à base de plantes qu'il commercialise dans les années 1950, par correspondance. Dans les années 1960, il ouvre un premier magasin puis il crée Le Livre vert de la beauté, qui assure ses premiers succès internationaux. L'utilisation de plantes pour la réalisation des produits est primordiale dans la réalisation de son succès, autant que la vente par correspondance. Père de famille, Yves Rocher fait largement participer ses enfants (Didier, décédé en 1994, Daniel et Jacques Rocher, puis son petit-fils, Bris) aux succès de son entreprise. Il s'investit également dans la vie politique et se fait élire maire de La Gacilly de 1962 à 2008 (divers droite) et conseiller régional en 1992.
Une fondation Yves Rocher a été créée en 1991, afin de « préserver la nature à travers des opérations de protection d'espèces ». Son président d'honneur est aujourd'hui Jacques Rocher. Yves Rocher décède en 2009 à Paris, des suites d'un accident vasculaire cérébral. Plus de 3 000 personnes assistèrent à ses obsèques dans sa commune natale.

LE SAVIEZ-VOUS ?

LE NÈGRE EN LITTÉRATURE

L'emploi du mot « nègre » pour désigner l'auteur anonyme d'un texte signé par une autre personne, date du milieu du XVIIIe siècle, en référence à l'exploitation des populations noires d'Afrique soumises à l'esclavage. C'est Eugène de Mirecourt, principal détracteur d'Alexandre Dumas, qui a vraiment lancé le terme de « nègre » dans son pamphlet sur Dumas en 1845 en le désignant comme « le premier homme de couleur à avoir des nègres blancs ». Avant, dans le langage familier spécialisé des écrivains et des éditeurs, on parlait de « teinturier ». Les Anglais utilisent le terme de « ghostwriter », soit « écrivain fantôme ».

POUR TOUT SAVOIR

DES OISEAUX AU VOL DE LONGS COURRIERS

Les oiseaux migrateurs règnent en maîtres dans le ciel.
La sterne arctique est la championne des longs parcours. Ce petit oiseau marin d'une trentaine de centimètres est capable de parcourir aller-retour près de 30 000 km en huit mois, du pôle Sud au pôle nord. Pendant l'hiver, elle migre en Antarctique avant de retourner au nord durant le printemps. Pour se nourrir au cours de son long périple, elle glane en vol sa nourriture à la surface de l'eau. Mais elle est aussi capable de plonger à plus de 10 m de profondeur pour capturer des petits poissons.

D'autres oiseaux, eux, volent à des altitudes de plus de 7 000 m. Dans un froid glacial et un air raréfié. C'est le cas du cygne chanteur et de l'oie à tête barrée, dont l'une des caractéristiques est que leur sang ne gèle pas par une température qui atteint les – 30 °C.

La plus haute altitude enregistrée pour un oiseau est de 11 300 m, record détenu par un vautour Rüppell.

lever 08 h 34
coucher 17 h 11, - 1

vendredi 14

Odile
Odile ou Adile, fille du duc Adalric d'Alsace, aveugle, première abbesse du monastère d'Hohenbourg, morte vers 720.

lever 08 h 35
coucher 17 h 11, - 1

samedi 15

Ninon
Nina, Ninon, Christine ou Chrétienne, captive chrétienne vénérée en Géorgie au IVe siècle.

lever 08 h 36
coucher 17 h 11, - 1

dimanche 16

Alice
Adélaïde, reine d'Italie, reine d'Allemagne, première impératrice du Saint-Empire romain germanique, morte en 999.

Semaine 50

décembre 2018

· CITATION · Au vingt de Noël, les jours rallongent d'un pas d'hirondelle.

PATRIMOINE

Archipel des Glénan

À quelques kilomètres au large de Concarneau et de Loctudy, l'archipel des Glénan est surtout réputé pour ses nombreuses écoles de voile et de plongée sous-marine qui proposent leurs activités dans un cadre exceptionnel. Les fonds marins s'apparentent ici à un atoll du Pacifique et l'eau est assez claire pour découvrir la faune et la flore diversifiées qui y vivent. L'archipel est constitué d'une dizaine d'îles principales et autant d'îlots contre lesquels viennent se fracasser les vagues de l'Atlantique autour d'une petite mer que l'on appelle la Chambre. Dans cette Chambre, les pêcheurs à pied s'en donnent à cœur joie à marée basse et viennent ramasser ormeaux et palourdes dont la pêche est cependant réglementée. Seules quelques îles sont encore habitées, essentiellement en saison, et certaines sont même privées. Tout l'archipel est classé réserve ornithologique et les goélands, les sternes et autres cormorans y vivent en colonies très nombreuses.

Office de tourisme de Fouesnant Les Glénan
Espace Kernévéleck
29170 Fouesnant
Tél. : 02 98 51 18 88
Plus d'informations : www.tourisme-fouesnant.fr

lever 08 h 37
coucher 17 h 12, + 0

lundi 17

Judicaël, Gaël
Judicaël, ou Gaël, ou Giguel, ou Gicquel, ou Juzel, roi de Domnonée, en Bretagne, puis moine, mort en 658.

lever 08 h 37
coucher 17 h 12, + 0

mardi 18

Gatien
Venu de Rome, premier évêque de Tours, au IVe siècle.

lever 08 h 38
coucher 17 h 12, + 0

mercredi 19

Urbain
Urbain V, 200e pape, mort en 1370.

lever 08 h 39
coucher 17 h 13, + 0

jeudi 20

Théophile
Ammon, Zénon, Ptolémée, Ingénès et Théophile, martyrs à Alexandrie vers 249.

• CITATION • Décembre trop beau, été dans l'eau.

RECETTE

Saumon aux noisettes

Pour 4 personnes

- 4 darnes de saumon
- 60 g de noisettes décortiquées
- 1 branche de persil plat
- 5 cl d'huile de noisette
- 20 g de beurre
- 1/2 citron
- 1 c. à soupe de vinaigre de Xérès
- Fleur de sel, poivre du moulin

Préchauffer le four à 150 °C (th. 5). Placer les darnes de saumon dans un plat beurré, mettre les noisettes autour. Dans une casserole, faire fondre le beurre, le laisser brunir puis verser l'huile de noisette, le jus du demi-citron et le vinaigre. Mélanger 3 minutes puis verser sur les darnes de saumon. Poivrer. Mettre à rôtir au four 15 minutes en retournant deux fois les poissons et en les arrosant. Pendant ce temps, ciseler le persil. Au sortir du four, saupoudrer les poissons de persil et de fleur de sel ; servir très chaud.

LE SAVIEZ-VOUS ?

LA FÊTE DES FOUS

Issue d'une très vieille fête païenne, la fête des fous fut liée à la commémoration du massacre des Innocents par ordre du roi Hérode (28 décembre), elle perd tout sens religieux à partir du XIe siècle. Elle se déroule bien dans l'église mais c'est une parodie de fête religieuse avec jets d'ordures, encensoirs brûlant de vieilles chaussures, prêtres se livrant à des excentricités vestimentaires. Au cours de ces célébrations les valeurs de la société établies étaient renversées et la religion tournée en dérision. Dans les églises on chantait des chants où la satire sociale remplaçait les chants religieux.

Dans son roman Notre-Dame de Paris, Victor Hugo donne le programme du 6 janvier 1482 : « Il devait y avoir feu de joie à la Grève, plantation de mai à la chapelle de Braque et mystère au Palais de Justice. Le cri en avait été fait la veille au son de trompettes dans les carrefours, par les gens de Monsieur le prévôt, en beaux hoquetons de camelot violet, avec de grandes croix blanches sur la poitrine. »

Dès le XVe siècle l'église tente d'interdire cette fête populaire, elle ne disparaîtra que très progressivement.

NOTES

lever 08 h 39
coucher 17 h 13, + 0

vendredi 21

Pierre Canisius
Prêtre et docteur de l'Église, originaire de Nimègue, mort à Fribourg, en Suisse, en 1597.

lever 08 h 40
coucher 17 h 14, + 0

samedi 22

Françoise-Xavière
Françoise-Xavière Cabrini, missionnaire italienne aux USA, s'occupa des migrants italiens, morte à Chicago en 1917.

Capricorne

lever 08 h 40
coucher 17 h 14, + 0

dimanche 23

Armand
Évêque de Brixen (ou Bressanone), dans la province de Bolzano, dans le Tyrol italien, mort en 1164.

Semaine 51

décembre 2018

• CITATION • Entre sainte Adèle et saint Vincent les gelées ont plus de mordant.

TRADITION

La bûche de Noël

Aujourd'hui la bûche est le dessert traditionnel de Noël, mais autrefois la bûche de Noël était une grosse bûche, qui devait se consumer lentement et durer les trois jours des fêtes de Noël. Elle devait être en bois de fruitier pour apporter la prospérité à toute la maisonnée. Les Provençaux utilisaient un vieux tronc d'olivier ils y mettaient le feu en chantant :

Alègre ! Alègre ! Dieu nous alègre. Calendo ven, tout ben ven E se noun sian pas mai, que noun fuguen men ! Dieu vous fague la graci de veire l'an que ven.(Que Dieu nous tienne en joie ; Noël arrive, tout bien arrive ! Que Dieu nous fasse la grâce de voir l'année prochaine, et si nous ne sommes pas plus nombreux, que nous ne soyons pas moins !).

Le plus ancien, mais dans certaines régions c'était le plus jeune, arrosait la bûche de vin cuit, de lait ou de miel. Allumer le feu rappelle la célébration du solstice d'hiver et du retour vers des jours plus grands. Le musée d'Arles a reconstitué cette cérémonie de la bûche de Noël.

JUSTE POUR RIRE

Le petit garçon d'un mafieux sicilien voudrait avoir une belle bicyclette pour Noël. Alors, il prend un papier et un crayon et écrit : « Cher petit Jésus, j'aimerais bien avoir pour Noël une bicyclette neuve, car mon vieux vélo… ».

Il arrête, regarde sa lettre et la déchire en disant que ça ne marchera pas. Il prend un autre papier et écrit : « Cher petit Jésus, ayant été sage, j'aimerais, pour Noël, avoir une bicyclette neuve… ».

Il s'arrête à nouveau, regarde sa lettre et la déchire en pensant que ça ne marchera toujours pas. Il observe autour de lui et avise une statuette de la Sainte Vierge. Il la prend, la roule dans du papier, l'enveloppe de ruban adhésif et la dépose dans une boîte en carton. Puis, il descend dans le sous-sol, dépose la boîte dans une valise qu'il verrouille avant de la ranger dans une armoire cadenassée.

Il remonte dans sa chambre, reprend un papier et son crayon pour écrire : « Cher petit Jésus, si tu veux revoir la Madone vivante… ».

lever 08 h 41
coucher 17 h 15, + 0

lundi 24

Adèle
Fille de Dagobert II, abbesse bénédictine à Pfalzel dans le diocèse de Trèves, morte en 735.

lever 08 h 41
coucher 17 h 15, + 0

mardi 25

Noël

lever 08 h 41
coucher 17 h 16, + 0

mercredi 26

Étienne
Diacre et premier martyr à Jérusalem, en 35.

lever 08 h 42
coucher 17 h 17, + 0

jeudi 27

Jean
Apôtre et évangéliste, mort en 101.

POUR TOUT SAVOIR

Qu'est-ce qu'un lip dub ?

Un lip dub ou « clip promo chantant » est une vidéo réalisée en play-back et en plan-séquence par des collaborateurs au sein du milieu professionnel et généralement destinée à une diffusion sur Internet ou autres réseaux.

Venu du monde anglo-saxon, le lip dub a pris son essor en 2007 avec celui élaboré par Connected Ventures, une agence média américaine. Réalisées plus particulièrement dans le milieu de la communication, ces vidéos cherchent généralement à témoigner de la créativité et de la bonne humeur qui règnent dans une équipe ou une entreprise. Elles peuvent être associées à une volonté de créer du buzz afin de bénéficier d'une promotion gratuite grâce à l'engouement actuel pour la vidéo sur Internet ou à une volonté de créer des liens entre les participants.

En 2006, Jakob Lodwick (fondateur de Vimeo, un site Web communautaire destiné au partage et au visionnage de vidéos) utilise pour la première fois le terme lip dubbing dans une vidéo intitulée Lip Dubbing : Endless Dream.

Le phénomène est rapidement suivi par des étudiants allemands de la Faculty of Digital Media de l'université des sciences appliquées de Furtwangen. En 2008, ils lancent le projet University LipDub Community après avoir produit leur propre lip dub. Leur vidéo, à laquelle une soixantaine de personnes ont participé, a été vue plus de 130 000 fois sur YouTube et plus de 200 000 fois sur Vimeo. Un an plus tard, une vingtaine d'universités dans le monde (France, Allemagne, Brésil, Canada, Belgique…) ont rejoint le projet University LipDub Community.

Au Québec, en 2009, deux étudiants en communication à l'Université du Québec à Montréal réalisent un lip dub sur la chanson « I Gotta Feeling » du groupe Black Eyed Peas avec 172 étudiants en 2 h 15, créant un phénomène Internet sur YouTube. Le clip fait écho jusqu'aux États-Unis pour ainsi être diffusé sur la chaîne américaine CNN. En deux mois, la vidéo a été vue plus de 2 360 000 fois sur YouTube. De son côté, le réseau de télévision américain CBS a lancé un concours de lip dubs, s'inspirant du concept des étudiants québécois.

Un rassemblement de collégiens pour un lip dub

CHANT TRADITIONNEL

ENTRE LE BŒUF ET L'ÂNE GRIS

Les premiers chants de Noël connus remontent au XVIe siècle. « Entre le bœuf et l'âne gris » a été composé dans la première moitié du XVIe siècle, il fait partie de ces chants de Noël très anciens que l'on chante encore aujourd'hui.

1. Entre le bœuf et l'âne gris
Dort, dort, dort le petit-fils.
Mille anges divins, mille séraphins
Volent à l'entour de ce grand Dieu d'amour.

2. Entre les roses et les lis
Dort, dort, le petit-fils…

3. Entre les pastoureaux jolis…

4. Entre les deux bras de Marie…

NOTES

Bonne année 2019 !

lever 08 h 42
coucher 17 h 20, + 1

lundi 31

Sylvestre
Sylvestre Ier, 33e pape, mort en 335.

lever 08 h 42
coucher 17 h 17, + 1

vendredi 28

Innocents
Enfants qui furent massacrés à Bethléem sur l'ordre du roi Hérode.

lever 08 h 42
coucher 17 h 18, + 1

samedi 29

David
Fils de Jessé le Bethléémite, roi de Juda et d'Israël, prophète, mort vers 972 avant J.-C.

lever 08 h 42
coucher 17 h 19, + 1

dimanche 30

Roger
Évêque de Cannes (Canosa), vénéré à Barletta, dans les Pouilles, mort vers 1129.

Semaine 52

décembre 2018

Index

Solutions des jeux

Janvier

■	M	■	S	■	L	■	B	■	M
L	A	M	A	L	I	N	E	■	A
■	R	E	M	I	S	E	■	R	N
E	T	R	E	■	S	E	R	A	C
■	I	■	D	U	E	■	A	M	I
A	N	G	I	N	E	S	■	E	N
■	D	E	■	I	S	I	S	■	I
B	E	A	R	T	■	E	U	T	■
■	R	I	O	■	P	U	R	E	S
R	E	■	C	A	R	R	E	R	E

B	E	L	A	M	B	R	A

E	S	C	A	R	G	O	T	S
S	O	I	T	■	A	B	A	T
P	R	■	E	C	R	I	T	■
E	T	A	L	E	E	■	E	H
R	■	L	E	D	■	P	E	U
A	M	E	■	R	A	I	■	I
N	A	■	S	E	L	L	A	T
C	U	I	T	■	L	E	U	R
E	X	V	O	T	O	■	X	E

L	A	B	L	A	N	C	H	E
E	V	E	■	S	I	O	U	X
S	A	L	A	■	E	T	E	■
A	I	■	M	I	R	E	■	J
U	S	S	E	L	■	S	T	O
N	■	E	R	E	S	■	A	S
I	C	I	■	S	T	R	I	P
E	R	N	E	■	A	B	R	I
R	I	G	L	I	N	■	E	N

Février

■	C	■	A	■	I	■	L	■	H
V	A	L	D	E	L	O	I	R	E
■	P	A	O	N	■	S	O	I	N
M	O	I	S	■	M	E	N	E	R
■	N	E	S	T	O	R	■	N	I
O	N	■	E	S	T	■	P	S	I
■	I	L	E	■	U	N	E	■	V
L	E	I	■	I	S	O	L	E	■
■	R	A	T	S	■	R	E	V	A
G	E	■	C	O	U	D	R	A	Y

D	E	T	H	O	U	R	Y

C	H	A	R	L	E	S	I	V
H	A	S	E	■	T	A	R	A
E	T	I	R	E	■	T	A	N
V	A	L	■	T	R	A	I	L
A	■	E	T	A	I	N	■	O
L	V	■	R	I	T	■	C	O
I	O	T	A	■	A	S	E	■
E	L	I	M	A	■	O	D	E
R	E	■	A	I	G	N	A	N

A	R	D	O	I	S	I	E	R
T	U	A	S	■	A	U	T	O
T	I	T	A	N	■	L	A	C
E	N	A	■	O	T	E	■	H
L	E	■	V	I	S	S	E	E
A	■	R	I	R	A	■	D	R
G	O	U	T	■	R	O	I	■
E	N	T	R	E	■	U	T	E
S	U	■	Y	V	E	T	O	T

Mars

■	J	■	O	■	P	■	S	■	B
D	E	U	R	B	R	O	U	C	Q
■	A	N	T	R	E	■	C	A	■
A	N	T	I	■	T	E	R	R	Y
■	B	E	E	R	■	V	E	T	O
B	O	L	■	E	P	I	■	E	L
■	U	■	A	G	I	T	A	■	A
T	R	A	I	L	■	E	L	A	N
■	R	I	D	A	S	■	E	N	D
M	E	L	A	I	N	E	■	S	E

D	E	Q	U	E	L	E	N

E	N	G	U	E	H	A	R	D
Q	U	I	■	S	A	G	O	U
U	E	L	E	■	S	O	I	R
E	■	E	V	I	E	R	■	T
S	A	T	A	N	■	A	R	A
T	D	■	S	A	R	■	O	L
R	O	S	E	■	E	S	T	■
E	R	E	■	E	V	E	I	L
S	A	■	B	A	U	T	R	U

D	E	C	A	M	O	N	D	O
E	M	I	R	■	T	O	U	R
M	I	S	■	D	A	I	R	I
E	S	E	R	I	N	E	■	E
D	■	L	E	V	■	S	E	N
I	T	E	R	A	T	■	M	T
C	A	R	■	S	U	R	E	■
I	R	A	N	■	T	O	U	S
S	A	■	L	O	U	I	S	E

Avril

■	M	■	D	■	C	■	O	■	L
S	A	L	I	E	R	E	S	■	A
■	S	I	G	L	E	■	A	R	C
O	T	E	E	■	M	E	T	E	O
■	R	■	R	E	E	R	■	M	U
R	O	D	E	R	■	A	B	E	R
■	Q	U	E	■	O	Y	A	T	S
P	U	R	■	A	R	E	U	■	I
■	E	C	R	I	A	■	X	I	V
E	T	I	E	N	N	E	■	L	E

V	A	S	I	E	R	E	S

G	R	E	N	E	T	T	E	S
E	U	R	E	■	R	I	T	E
L	I	E	■	E	I	R	E	■
A	N	S	E	S	■	S	T	O
T	E	■	B	A	C	■	A	I
E	■	B	R	U	E	L	■	S
R	O	U	E	■	D	U	N	E
I	U	T	■	R	E	S	I	A
A	R	S	A	I	S	■	E	U

D	A	N	F	R	A	N	C	K
O	R	E	E	■	R	I	R	A
U	E	■	L	O	T	■	I	R
A	N	G	E	S	■	G	A	O
N	E	O	■	E	M	A	I	L
I	■	B	A	R	I	L	■	A
E	T	A	L	■	T	O	P	■
R	A	S	E	S	■	P	A	R
S	G	■	A	B	B	A	Y	E

MAI

■	C	■	A	■	G	■	O	■	S
C	H	A	M	P	A	I	G	N	E
■	A	L	E	A	S	■	R	A	P
O	T	E	R	■	O	B	E	I	T
■	E	■	E	P	I	E	■	T	E
C	L	E	■	E	L	L	E	■	T
■	E	M	I	S	■	A	U	L	A
I	T	E	R	A	I	■	R	E	G
■	■	R	A	■	D	I	E	S	E
S	K	I	N	N	E	R	■	A	S

B R A N I C K I

K	O	■	B	A	L	Z	A	C
A	R	E	■	C	O	U	L	A
W	A	L	S	H	■	T	E	S
A	L	I	T	A	S	■	A	S
T	■	T	E	T	E	R	■	I
O	T	E	R	■	L	O	I	N
P	O	S	E	S	■	T	R	I
O	N	■	R	O	M	A	I	N
R	I	G	A	U	D	■	S	A

P	U	Y	C	H	A	R	I	C
O	S	E	R	■	R	O	S	I
N	E	T	■	L	E	T	■	C
T	■	I	R	A	N	■	R	E
R	B	■	A	C	E	R	E	R
O	I	N	T	E	■	E	P	I
U	N	I	■	T	R	I	E	■
G	E	L	S	■	E	N	T	E
E	R	■	P	A	Y	S	A	N

JUIN

■	M	■	E	■	A	■	G	■	B
F	O	N	T	E	V	R	A	U	D
■	B	E	E	■	O	U	I	R	■
D	I	M	I	N	U	E	■	N	E
■	L	■	N	U	E	■	M	E	C
R	I	E	T	I	■	A	A	■	U
■	E	M	■	S	A	C	R	A	I
D	R	A	P	■	N	E	I	L	L
■	■	N	I	A	T	■	S	E	L
Q	U	E	N	T	I	N	■	S	E

Q U E S T I O N

S	A	I	N	T	L	A	U	D
A	G	N	E	A	U	■	S	E
V	I	N	T	■	E	T	A	L
O	■	E	T	A	■	O	S	A
I	F	■	E	G	A	L	■	B
E	R	E	S	■	P	E	S	A
■	I	C	■	R	I	D	E	L
A	G	R	E	A	■	E	A	U
M	O	U	L	I	N	■	U	E

E	V	E	N	T	A	I	L	S
P	I	C	■	A	S	P	I	C
O	T	A	R	I	E	■	E	H
Q	■	L	A	S	■	P	R	O
U	R	E	S	■	T	R	A	M
E	A	■	E	P	I	E	■	B
■	T	U	E	R	■	N	I	E
P	I	N	■	I	O	D	E	R
F	O	S	S	E	S	■	P	G

JUILLET

■	F	■	A	■	E	■	E	■	P
C	O	C	C	I	N	E	L	L	E
■	R	I	T	E	■	L	I	E	R
E	T	A	I	■	M	A	T	E	R
■	B	■	V	E	I	N	E	■	I
G	O	R	E	T	S	■	S	T	E
■	Y	I	■	O	S	E	■	A	R
B	A	R	O	N	■	V	E	R	■
■	R	E	U	N	I	■	P	I	A
C	D	■	H	A	R	M	O	N	Y

M A G A Y A N T

M	E	R	M	A	Z	■	E	K
A	M	O	U	R	■	A	M	I
R	U	D	E	■	C	L	U	B
C	■	A	T	E	L	E	■	E
H	A	I	■	L	E	S	E	R
E	M	■	I	L	S	■	M	L
■	B	A	L	E	■	R	E	A
P	E	N	E	■	P	E	R	I
C	L	O	S	M	A	R	I	N

T	O	U	R	E	T	T	E	S
O	B	S	E	D	E	■	T	A
U	E	■	G	I	■	R	A	B
T	R	I	■	T	R	A	I	L
D	A	N	S	E	E	S	■	E
U	■	C	I	E	L	■	P	S
C	N	A	R	■	I	L	E	■
R	I	S	■	P	A	I	R	E
U	E	■	M	O	I	N	E	T

AOÛT

■	L	■	F	■	P	■	A	■	J
G	O	B	E	L	I	N	S	■	A
■	G	E	R	A	■	U	S	E	R
F	I	L	A	■	A	L	A	N	D
■	S	A	I	S	I	■	G	A	I
C	R	I	■	E	M	O	I	■	N
■	O	■	U	N	A	U	■	E	S
A	Y	E	N	T	■	E	U	T	■
■	A	G	I	■	A	S	S	E	Z
F	L	O	R	E	N	T	■	S	I

D U B E L L A Y

M	E	R	C	O	G	L	I	A
A	M	I	E	■	D	E	C	U
Q	I	■	T	E	■	S	E	S
U	N	E	■	U	R	E	■	T
E	C	R	A	S	A	■	N	I
T	A	I	N	■	C	L	A	N
T	■	G	A	R	L	A	N	■
E	T	E	■	F	A	I	T	S
S	A	■	M	A	I	R	I	E

B	E	R	T	H	E	L	O	T
E	T	A	I	T	■	I	C	I
T	R	I	E	■	F	E	R	S
T	E	■	D	E	R	■	A	S
E	■	S	I	N	O	N	■	U
R	E	A	S	■	L	E	T	S
A	P	I	■	V	E	R	S	■
V	I	S	A	I	■	R	A	T
E	S	■	L	A	Z	A	R	E

SEPTEMBRE

■	E	■	S	■	B	■	S	■	C
I	N	C	E	N	D	I	E	■	I
■	L	A	M	E	■	S	C	A	N
C	U	R	E	■	E	S	■	B	Q
■	M	■	R	A	T	U	R	E	R
G	I	T	■	R	A	■	A	R	E
■	N	A	S	A	L	E	S	■	I
D	U	R	A	S	■	T	A	R	N
■	R	E	N	E	S	■	N	U	E
X	E	■	G	R	O	T	T	E	S

C R E N E A U X

B	O	U	R	G	U	E	I	L
E	R	R	E	R	■	P	O	E
L	E	E	■	E	T	A	N	G
V	E	■	U	S	A	T	■	R
E	S	T	E	■	R	E	V	A
D	■	A	L	E	A	■	A	Y
E	P	I	E	R	■	P	S	■
R	O	T	■	S	A	S	S	E
E	T	■	M	E	N	I	E	R

N	A	N	T	E	S	■	P	I
O	T	A	I	■	T	U	A	T
C	R	I	■	N	E	R	R	A
T	E	T	E	E	■	N	I	L
U	S	■	C	E	P	E	■	I
R	■	R	U	S	A	■	F	E
N	U	E	E	■	N	A	I	N
E	N	G	I	N	■	S	E	N
S	E	■	L	E	M	E	R	E

OCTOBRE

■	R	■	R	■	P	■	B	■	M
D	E	C	A	P	I	T	A	N	I
■	V	I	T	E	■	U	R	I	■
R	A	R	E	T	E	■	R	A	P
■	S	E	■	R	U	G	I	■	O
S	I	■	L	I	E	R	■	A	R
■	O	T	E	E	■	E	M	I	S
A	N	O	N	■	O	C	E	G	A
■	■	U	N	I	R	■	C	R	I
J	E	R	O	D	E	L	■	E	N

R E M A J E U R E

L	O	I	R	E	E	N	R	E
A	P	P	E	L	S	■	I	S
P	E	■	V	I	T	R	E	■
E	R	R	E	S	■	O	L	P
R	A	I	■	E	A	U	■	A
G	I	D	E	■	P	L	A	T
O	■	E	T	E	T	E	R	A
L	I	E	■	P	E	S	A	T
A	R	S	A	I	S	■	S	E

P	R	E	S	Q	U	I	L	E
L	A	V	E	■	R	O	U	X
O	T	E	■	L	E	N	T	■
U	S	I	T	E	E	■	H	F
C	■	L	A	S	S	A	■	O
H	A	L	T	E	■	M	E	R
A	G	E	E	■	F	A	R	T
R	I	■	R	O	U	S	S	I
T	O	H	A	P	I	■	E	N

NOVEMBRE

■	R	■	B	■	T	■	S	■	C
M	A	J	O	L	I	Q	U	E	S
■	B	O	N	■	N	I	E	R	■
J	E	U	N	O	T	■	N	E	M
■	L	E	■	S	A	I	T	■	O
D	A	■	T	A	I	T	■	C	U
■	I	R	A	I	■	O	T	A	T
U	S	E	R	■	F	U	H	S	I
■	■	V	A	S	E	■	E	T	E
C	H	A	S	S	E	S	■	E	R

L E C H A D O U F

O	R	L	E	A	N	A	I	S
R	O	I	■	N	A	R	R	A
A	M	M	A	N	■	A	I	L
N	■	E	M	U	S	■	S	A
G	I	S	■	L	A	D	■	U
E	T	■	D	E	T	E	N	D
R	E	V	E	■	U	N	E	■
I	R	A	■	P	R	I	E	S
E	A	■	A	M	A	S	S	E

P	A	R	T	E	R	R	E	S
A	G	I	■	M	O	I	T	E
L	I	D	O	■	S	O	U	■
A	L	E	R	T	E	■	I	F
I	E	■	E	R	S	E	■	L
S	■	N	E	O	■	T	H	E
■	C	O	■	P	R	E	A	U
C	R	E	A	■	U	N	I	R
V	I	L	L	A	N	D	R	Y

L'almanach s'inscrit dans une tradition populaire qui appelle à se transmettre.
Les textes qui vous accompagnent cette année sont issus d'une collecte et regroupent de nombreux extraits qui participent à la mémoire de chacun.
Chaque terroir a son histoire, ses anecdotes, ses dictons, ou ses lieux oubliés...
Si vous voulez participer à notre aventure, parler de votre village, de votre commune, envoyez-nous vos textes pour l'année prochaine !

Écrivez à :

LA GESTE

11, rue Norman-Borlaug
79260 La Crèche

05 49 05 37 22

contact@gesteditions.com

www.gesteditions.com

Achevé d'imprimer en France en juin 2017

IMPRIM'VERT®

Par ce logo, nous témoignons d'une volonté de réduire les impacts environnementaux liés aux activités de l'imprimerie.
Nous choisissons un imprimeur impliqué dans la réduction des gaz à effet de serre.
Le choix de nos papiers assure que la production a été faite à partir d'un produit à base de bois et a suivi le cahier des charges d'une gestion durable des forêts européennes.

Création graphique : Laurent Morin
Création couverture : l'Atelier sur la colline
Mise en pages : Clémence Hardy

Dépôt légal premier semestre 2017